MANUAL DE FORMULAÇÃO CLÍNICA PARA A INTERVENÇÃO EM REABILITAÇÃO NEUROPSICOLÓGICA

Coleção
Como eu faço
a Reabilitação
Neuropsicológica

MANUAL DE FORMULAÇÃO CLÍNICA PARA A INTERVENÇÃO EM REABILITAÇÃO NEUROPSICOLÓGICA

Fabricia Q. Loschiavo Alvares

Artesã

Manual de Formulação Clínica para a Intervenção em Reabilitação Neuropsicológica

1ª edição, 3ª reimpressão 2025

DIRETOR
Alcebino Santana

DIREÇÃO DE ARTE
Tiago Rabello

REVISÃO
Fabricia Quintão Loschiavo Alvares

CAPA
Artesã Editora

PROJETO GRÁFICO E DIAGRAMAÇÃO
Conrado Esteves

L879 Loschiavo-Alvares, Fabricia Quintão.
Manual de formulação clínica para a intervenção em reabilitação neuropsicológica / Fabricia Quintão Loschiavo-Alvares. – Belo Horizonte : Artesã, 2020. – (Como eu faço a reabilitação neuropsicológica).

96 p. ; 14x21 cm.

ISBN: 978-65-86140-32-3

1. Neuropsicologia cognitiva - reabilitação. 2. Raciocínio (Psicologia). 3. Psicodiagnóstico. I. Título.

CDU 616.8

Catalogação: Aline M. Sima CRB-6/2645

IMPRESSO NO BRASIL
Printed in Brazil

(31)2511-2040 (31)99403-2227
www.artesaeditora.com.br
Rua Rio Pomba 455, Carlos Prates - Cep: 30720-290 | Belo Horizonte - MG
/artesaeditora

SUMÁRIO

LISTA DOS MANUAIS DA COLETÂNEA "COMO EU FAÇO A REABILITAÇÃO NEUROPSICOLÓGICA"

MANUAL PARA A APLICAÇÃO DOS CORE SETS DA CLASSIFICAÇÃO INTERNACIONAL DE FUNCIONALIDADE (CIF) NA REABILITAÇÃO NEUROPSICOLÓGICA DOS TRANSTORNOS PSIQUIÁTRICOS

MANUAL PARA A FORMULAÇÃO CLÍNICA PARA A INTERVENÇÃO EM REABILITAÇÃO NEUROPSICOLÓGICA

MANUAL DE ESTRATÉGIAS DE REABILITAÇÃO NEUROPSICOLÓGICA PARA ATENÇÃO, MEMÓRIA E FUNÇÕES EXECUTIVAS

MANUAL DE APLICAÇÃO DE TÉCNICAS DO MÉTODO OCUPPATIONAL GOAL INTERVENTION (OGI) NO CONTEXTO DA REABILITAÇÃO NEUROPSICOLÓGICA

MANUAL DE APLICAÇÃO DO EXECUTIVE FUNCTIONAL PERFORMANCE TEST (EFPT-Br) NO CONTEXTO DA REABILITAÇÃO NEUROPSICOLÓGICA

MANUAL DE ESTRATÉGIAS DE REABILITAÇÃO NEUROPSICOLÓGICA NOS TRANSTORNOS DE APRENDIZAGEM

MANUAL DE TÉCNICAS DA ABORDAGEM SISTÊMICA APLICADAS À REABILITAÇÃO NEUROPSICOLÓGICA

MANUAL DE ESTRATÉGIAS PARA ABORDAGEM DA ANSIEDADE EM PACIENTES COM TRAUMATISMO CRANIOENCEFÁLICO

MANUAL DE ESTRATÉGIAS PARA ABORDAGEM DA AFETIVIDADE E SEXUALIDADE EM PACIENTES COM TRAUMATISMO CRANIOENCEFÁLICO

PREFÁCIO

Como eu faço a reabilitação neuropsicológica? Pergunta que sempre escuto em todas as aulas e cursos que ministro. Questionamento pertinente, e sem dúvida, de muita relevância clínica.

Costumo, sempre, ao fazer alusão à reabilitação neuropsicológica, a minha tão amada área de atuação clínica e de pesquisa há anos, como uma arte. Como o oleiro molda o barro para resultar na sua idealizada escultura? Como o escultor maneja as suas ferramentas a fim de apresentar, ao final, a sua obra de arte? Sim, vocês podem me responder, que são fruto de anos de experiência, de inspiração e criatividade, um dom, aprimorado com a observação sistemática, a partir da experenciação de diferentes procedimentos e técnicas, de aprofundamentos teóricos e vivenciais, da paixão, disciplina, enfim, várias são as respostas. Mas em todas, evidenciamos aspectos centrais.

A reabilitação neuropsicológica (sou suspeita para falar) é realmente inspiradora e apaixonante. O profissional da reabilitação é aquele disposto a, a partir do pouco, fazer muito, a "pensar fora da caixa", a inovar, a propor caminhos onde inicialmente, não se viam nem trilhas. É aquele que tem o olhar acurado para entender além do observado, profissional capaz de criar conexões entre o, a princípio, inconectável. Uma pessoa detalhista, curiosa, dinâmica, observadora, e sim, sensível, versátil, pragmática, mas sempre conectada ao humano. Então, realmente, penso na analogia de um escultor. Somos escultores! Escultores de novas realidades, novos comportamentos, novas vivências e comportamentos, de novas ocupações e funcionalidades! E para tanto requeremos tudo o que foi mencionado acima, e manejamos todos estes componentes, ou ingredientes, com uma precisão estequiométrica, assim, somos escultores e alquimistas. Aonde entra a paixão? Esta é a parte mais fascinante para mim! Não temos receita de nada (mesmo em indivíduos com o mesmo diagnóstico!), logo, novo paciente, novas fórmulas, novos desafios e resultados, novas esculturas! Gosto muito de uma célebre frase de Henry Alder, que diz que "o cérebro humano tem sido descrito como o único computador universal que pode funcionar com glicose (...). Infelizmente, também é o único computador que é entregue sem manual de instruções. Assim, vemo-nos obrigados a aprender à medida que evoluímos". Imagine ao acrescentarmos as emoções, as experiências e histórias de vida, o ambiente? Quanta imprevisibilidade! Mas quão belo é este componente para a criação! Esta é a beleza da nossa obra de arte, aprendemos e reaprendemos com nossos pacientes. À medida que os auxiliamos a esculpir ou a (re) esculpir as suas próprias vidas, também eles nos auxiliam a esculpir as nossas, mudamos e somos mudados a cada instante.

Desta forma, realmente, muitos dos itens acima não são adquiríveis, são traço, não estado. São características de indivíduos, que os tornam mais inclinados para serem reabilitadores. Mas e as outras? Aquelas que demandam sim um aprendizado e aprimoramento? É para esta que estes manuais e os seus respectivos *boxes* foram criados. Partiram do meu desejo e maior comprometimento de formar profissionais de reabilitação, para que juntos, e em cooperação somemos para o fortalecimento desta área no nosso país e, sem dúvida, agreguemos todo o ferramental científico de que ela tanto necessita. Assim, vários são os títulos, mas em todos, você, profissional da reabilitação, que já dispõe de todas as características traço ressaltadas acima, encontre as respostas para todas as suas perguntas práticas. O eixo central, a linha mestra, é o Modelo Abrangente de Reabilitação Neuropsicológica, ver Loschiavo Alvares & Wilson (2020). Mas todas as questões objetivas e pragmáticas serão nesta coletânea apresentadas de forma didática, fluida, eminentemente clínica, no estilo "como eu faço". E é claro, ela não poderia ter outro nome, se não o "Como eu faço a Reabilitação Neuropsicológica".

Este Manual, intitulado "Manual de Formulação Clínica para a Intervenção em Reabilitação Neuropsicológica", o segundo da supracitada coletânea, tem como propósito central capacitar o profissional da reabilitação a usar as ferramentas clínicas aqui apresentadas, de uma forma objetiva e precisa, de modo que ele tenha todas as coordenadas e diretrizes pragmáticas para fundamentar a formulação clínica, engrenagem mestra para a idealização e delineamento de um plano de intervenção em RN. Todas as tabelas e fluxogramas apresentados neste livro encontram-se disponíveis para *download* no meu site, www.nexusclinica.com.br, ver orientações abaixo.

Desejo-lhes uma leitura profícua e enriquecedora, além de claro, muito inspiradora, para que assim, agreguem ferramentas mais "refinadas" e acuradas à extensa bagagem, que tenho certeza, vocês já trouxeram para esculpirem as obras de arte de vocês.

Fabricia Quintão Loschiavo Alvares

ORIENTAÇÕES PARA DOWNLOAD E CURSO

Todos os fluxogramas e tabelas mencionados neste manual estão disponíveis para download no endereço www.nexusclinica.com.br/central-de-downloads.

Basta acessar e preencher o formulário com os seguintes dados: nome, telefone, endereço, e-mail e o ISBN desta obra.

Este manual é material didático do curso "Formulação Clínica para a Reabilitação Reuropsicológica", disponível em www.cursos.nexusclinica.com.br.

Caso você tenha adquirido este manual e tenha interesse em nossa formação completa no assunto, envie um email para cursos@nexusclinica.com.br, com seus dados e a nota fiscal de compra deste livro, para que receba um voucher especial de desconto na matrícula do curso.

INTRODUÇÃO À FORMULAÇÃO CLÍNICA NA REABILITAÇÃO NEUROPSICOLÓGICA

1

Os processos de reabilitação, segundo a Organização Mundial da Saúde (OMS), têm como maior mote possibilitar que os inidivíduos atinjam o maior nível possível de adaptação física, psicológica e social, englobando, portanto, todas as medidas que pretendam reduzir o impacto da inabilidade e as condições de desvantagem, permitindo que as pessoas com alguma deficiência/incapacidade atinjam um nível adequado de integração social (Loschiavo-Alvares & Wilson, 2020; Wilson, 2005). Dito isto, a reabilitação neuropsocológica (RN) é compreendida como um processo de utilização de uma ampla variedade de estratégias deliberadamente centradas na pessoa, que estimulam o seu desenvolvimento ou o uso de recursos de que se dispõe para obter um bom desempenho ocupacional. Logo, a intervenção deve ser compreendida de maneira mais ampla, considerando as pessoas em seus contextos, atividades e relacionamentos (Prigatano, 1999; Wilson, 2002).

O eixo fulcral é, portanto, o desenvolvimento de um conjunto de comportamentos mais adaptativos e funcionais, visando ganhos em qualidade de vida, independência e autonomia (Royal et al., 2007). Em concordância com Wilson (2002), a RN caracteriza-se por uma abordagem individualizada que identifica e persegue metas relevantes para os pacientes, contextos e famílias, considerando o desempenho nas suas ocupações, tem como prioridade a manutenção e/ou desenvolvimento de habilidades cognitivas e a compensação das incapacidades, na medida em que a condição de saúde de base permitir, integra métodos multimodais conduzidos por uma equipe multiprofissional e interdisciplinar (profissionais da saúde, educação e todos os relacionados direta e indiretamente à assistência) e a interação com o ambiente do indivíduo, almejando a transferência do programa de reabilitação para a vida diária do mesmo (KASPER et al., 2015). Assim, a condição *sine qua non* é reabilitar a pessoa, e não seus processos neuropsicológicos. Os fatores emocionais e motivacionais também são importantes, uma vez que um programa de reabilitação apenas será exitoso na medida em que for compreendido e houver aderência por parte do indivíduo e das pessoas relevantes no seu ambiente (LOSCHIAVO-ALVARES, 2020).

Considerando o acima exposto, a engrenagem chave para o êxito na proposição de um plano de RN é o emprego ativo, por parte do reabilitador, da formulação clínica. Formulação refere-se ao processo de aplicação da teoria e do conhecimento empírico às informações coletadas por meio de avaliação para derivar hipóteses sobre a natureza, causas e fatores que influenciam os problemas atuais de um paciente ou as suas apresentações e situações comportamentais. Durante o processo de formulação, são consideradas as inúmeras influências possíveis nos funcionamento e estado neuropsicológico de um indivíduo. As hipóteses geradas são, portanto, usadas para orientar uma avaliação posterior e / ou informar o plano de reabilitação (WILSON & BETTERIDGE, 2019). Logo, a formulação clínica, é o processo de derivar hipóteses sobre a natureza, causas e fatores que influenciam os problemas atuais vivenciados por um paciente. A infinidade de possíveis influências no nível de funcionamento global de um indivíduo, implica que a formulação dos fatores é extremamente útil para auxiliar todos os envolvidos, desde a equipe clínica, à família do paciente, a entenderem os problemas atuais enfrentados pelo indivíduo, a compreenderem a intervenção e a prospectarem os passos futuros.

Em conformidade com Sperry et al. (1992), a formulação é um processo de vincular um grupo de dados e informações para definir um padrão coerente, auxiliando o estabelecimento do diagnóstico e traçando a intervenção apropriada, fornecendo explicações, a fim de preparar o reabilitador, o paciente e a família para o trabalho terapêutico e o estabelecimento de metas. A formulação ajuda, ainda, a reunir os resultados de muitas avaliações realizadas por diferentes membros da equipe em uma única fonte coerente. Logo, ela requer uma descrição do que aconteceu com o paciente e a patologia ou diagnóstico, abarcando todas as consequências funcionais. Também é preciso conhecer o contexto familiar e social e como a pessoa se vê antes da lesão ou doença, e têm-se como resultante a formulação de hipóteses modelos biopsicossociais e sistêmicos para ajudar na compreensão da apresentação comportamental de um indivíduo.

Portanto, a formulação clínica vai além do diagnóstico, do desenvolvimento de uma conceituação do quadro clínico atual e futuro, da etiologia, abarcando, principalmente, o manejo do paciente no contexto de seus domínios biopsicossocioculturais multidimensionais (Wilson & Betteridge, 2019). E, na perspectiva da RN, ela envolve todo o processo de estruturação clínica para intervenção, compreendendo, inclusive o estabelecimento de metas, a mensuração da eficácia, enfim, um fluxograma abrangente, a partir do qual há a identificação das características chaves do paciente, a definição de alvos para intervenção, a especificação dos resultados desejados, contextuais e ocupacionalmente significativos, o delineamento da conduta, a implementação e a constante reavaliação, a partir de parâmetros funcionais e contextualmente relevantes.

Toda a estrutura neste manual apresentada é derivada do Modelo Abrangente de Reabilitação Neuropsicológica proposto por Loschiavo Alvares e Wilson (2020), sendo ele a linha mestra de todo o conteúdo aqui apresentado, ver Figura 1.

Figura 1 – O Modelo de Reabilitação Neuropsicológica (Loschiavo-Alvares & Wilson, 2020).

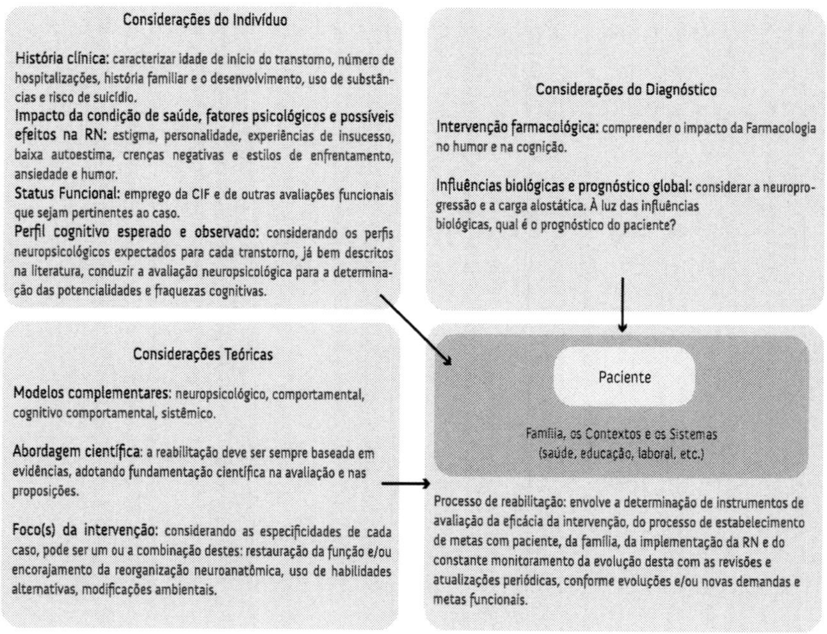

Como visto acima, o modelo é composto de quatro distintas seções, com tópicos de interesse específicos para cada, a saber: considerações do indivíduo, do diagnóstico, teóricas e o paciente e família. As primeiras, englobam a História Clínica (caracterizar idade de inicio do transtorno, número de hospitalizações, histórias familiar e do desenvolvimento, uso de substâncias e risco de suicídio), o Impacto da Condição de Saúde, Fatores Psicológicos e Possíveis Efeitos na RN (estigma, personalidade, crenças e pensamentos automáticos, estilos de enfrentamento / *coping*, ansiedade e humor), o *Status* Funcional (emprego da CIF e de outras avaliações funcionais que sejam pertinentes ao caso) e o Perfil Cognitivo Esperado e Observado (considerando os perfis neuropsicológicos expectados para cada transtorno, já bem descritos na literatura, conduzir a avaliação neuropsicológica para determinação das potencialidades e fraquezas cognitivas), além da compreensão das relações familiares e contextos nos quais o paciente está inserido. As Considerações do Diagnóstico incluem a Intervenção Farmacológica, que visa compreender o impacto da farmacoterapia no humor e na cognição, e as Influências Biológicas e Prognóstico Global, a partir da consideração da neuroprogressão e da carga alostática, que, tomadas em conjunto, permitirão ao reabilitador o subsídio para prospectar o prognóstico do seu paciente. Já as Considerações Teóricas trazem os Modelos Complementares; o neuropsicológico, comportamental, cognitivo comportamental, sistêmico, que devem ser empregados para a compreensão mais ampla do contexto do paciente, a Abordagem Científica, a partir da qual há a postulado que a RN deve ser sempre um processo baseado em evidências, adotando, portanto, a fundamentação científica na avaliação e proposição de novas intervenções, e o (s) Foco (s) da Intervenção, instância que auxilia o reabilitador a considerar as especificidades de cada caso para a determinação do foco de sua intervenção, que pode ser um ou a combinação destes: restauração da função e/ou encorajamento da reorganização neuroanatômica, uso de habilidades residuais de forma mais eficiente, busca de caminhos alternativos, modificações ambientais. E, por fim, têm-se as Considerações do Paciente, Família e Contextos que envolvem a determinação de instrumentos de avaliação da eficácia da intervenção, o processo de estabelecimento de metas com paciente, família, implementação da RN e constante monitoramento da evolução desta com as revisões e atualizações periódicas, conforme evoluções e/ou novas demandas e metas funcionais. Todos estas suprareferenciadas seções e seus respectivos componentes foram então, pormenorizadamente dissecados em todos os itens que compõem o roteiro aqui apresentado como referencial para a formulação clínica. Desta forma, à medida que você, reabilitador caminhar por todas as etapas deste manual irá degrau por degrau angariando recursos, coordenadas para a estruturação do seu raciocínio clínico visando a intervenção. E, ao chegar ao final, estará com o arcabouço pronto para atender o seu paciente em RN. Por fim, ressalta-se que a apresentação deste guia de formulação clínica dar-se-á de forma segmentada, em carater exclusivamente didático, uma vez que este é um processo integrado, com interdependência de seus componentes, sendo construído ativamente de forma multifatorial e dinâmica.

A ESTRUTURA E AS ETAPAS DA FORMULAÇÃO CLÍNICA

2

Como já mencionado no Capítulo 1, todo o referencial teórico que embasa a proposta de formulação clínica aqui pormenorizadamente apresentada, está explicitado no livro Reabilitação Neuropsicológica nos Transtornos Psiquiátricos – da teoria à prática, de Loschiavo Alvares & Wilson (2020). Desta forma, neste manual não será feita nenhuma apresentação teórica robusta, uma vez que o objetivo maior é a proposição de um passo a passo, de um roteiro clinicamente estruturado para que você, reabilitador, vá percorrendo de uma forma fluida e dinâmica a fim de, ao final, ter delimitadas as coordenadas e diretrizes para atender o seu paciente em RN.

O modelo acima citado é organizado em quatro grandes áreas, quais sejam, as considerações do indivíduo, do diagnóstico, teóricas e do paciente e família. Cada qual, por sua vez, abarca distintos componentes, pertinentes a cada tópico, que devem ser compreendidos e considerados. Assim, para fins didáticos, a estrutura da formulação clínica, escopo maior desta obra, exposta na Figura 1, será segmentada, a partir de seus componentes, tendo como referência as quatro seções do Modelo de RN, que serão apresentados nos capítulos que se seguem.

Figura 1 – Fluxograma de Formulação Clínica para a Intervenção em Reabilitação Neuropsicológica (Loschiavo-Alvares & Wilson, 2020).

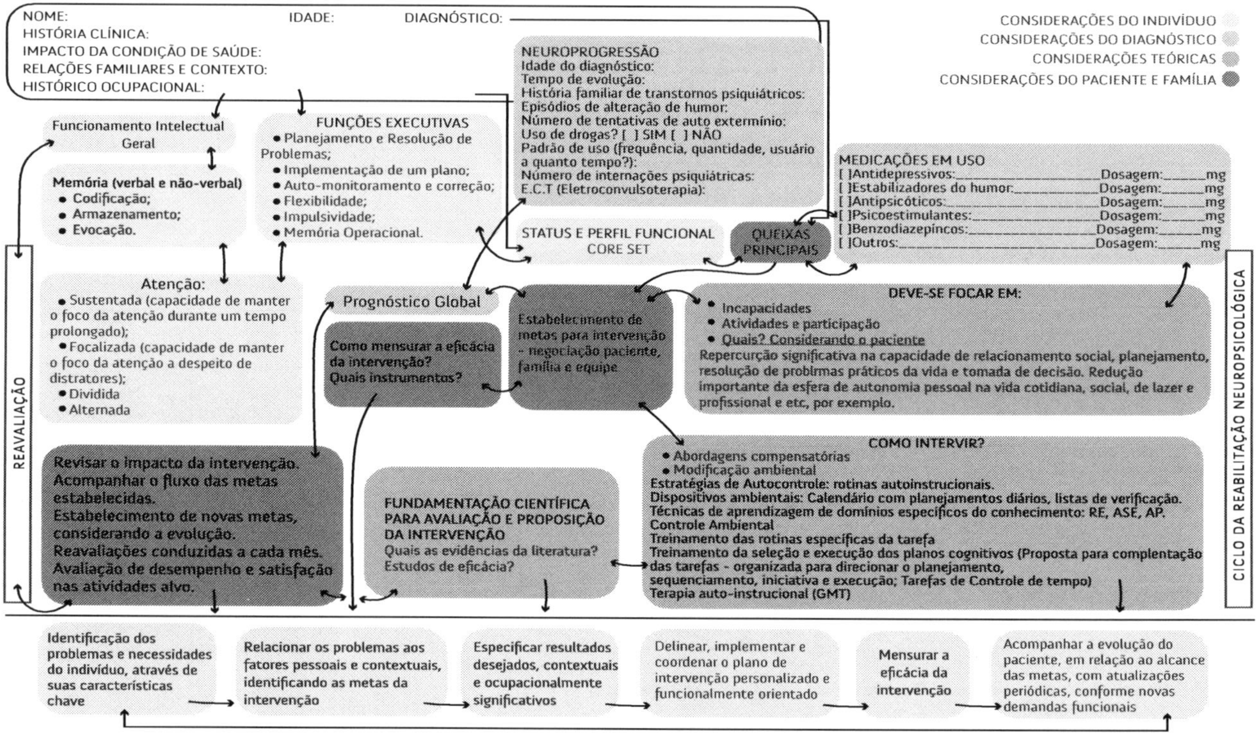

COMPONENTES DAS CONSIDERAÇÕES DO INDIVÍDUO

3

As considerações do indivíduo englobam cada um dos tópicos abaixo explicitados e seus respectivos subtópicos. Assim, na primeira etapa da formulação clínica, cabe ao reabilitador a coleta e o registro de todas as informações que se seguem.

HISTÓRIA CLÍNICA

Neste item, considerar:

- A idade de início do transtorno, ou a data de ocorrência da lesão encefálica adquirida (LEA): Nas doenças psiquiátricas, existe uma correlação entre a gravidade da doença e o funcionamento psicossocial (Bowie, Depp & McGrath, 2010). Quanto mais precoce a idade de início dos sintomas, maior o prejuízo no desenvolvimento psicossocial, o que impacta diretamente a trajetória de crescimento educacional, profissional e interpessoal (Post, Leverich & Kupka, 2010). Além disso, como sugerido por Corrigan (2004), as doenças psiquiátricas de início precoces provavelmente têm efeitos ainda mais deletérios no desenvolvimento da identidade. Juntamente com o estigma associado à doença mental em geral, esses efeitos internos podem dificultar os esforços para alcançar o ajuste social almejado (VAZQUEZ et al., 2010).

- Caracterização clínica, tempo / número de hospitalizações: Bondari et al. (2014) acrescentam, ainda, que o período de hospitalização é um marcador importante de evolução. Neste estudo foram comparados dados relativos à duração e número de internações em pacientes com transtornos psiquiátricos. As diferenças estatisticamente significativas estiveram associadas ao grupo de esquizofrenia e transtornos psicóticos, com maior duração e recorrência da internação, em comparação ao grupo de transtornos da afetividade, sendo, este, um importante marcador de evolução a longo prazo.
- História familiar e do desenvolvimento, uso de substâncias, risco de suicídio / histórico de tentativas de suicídio: Considerando a ideação e tentativas de suicídio (GONZALÉZ-CASTRO et al., 2019), sabe-se que mais de 80% dos indivíduos que morrem em decorrência de suicídio tem, pelo menos, um diagnóstico psiquiátrico. Dentre estes transtornos, os que apresentam a maior taxa de suicídio são a esquizofrenia e o TAB (MIRKOVIC et al., 2016), tanto por processos internos, como, por exemplo, o estresse e a depressão, como externos, como o uso de substâncias psicoativas. Neste sentido também, ressalta-se o proeminente componente genético, por isto a relevância da história familiar.
- Todas as demais informações clínicas relevantes e de pertinência para o caso: todos esses fatores, analisados em conjunto, afetam o funcionamento psicossocial e ocupacional e, portanto, devem ser considerados no planejamento do tratamento, uma vez que tem relação direta com o prognóstico.

IMPACTO DA CONDIÇÃO DE SAÚDE, FATORES PSICOLÓGICOS E POSSÍVEIS EFEITOS NA RN

Para a coleta de dados referente a esta área, considerar:

- Estigma: conforme Goffman (1980), este é um atributo que amplamente desacredita um indivíduo. Crocker et al. (2013) propôs que a estigmatização ocorre quando uma pessoa possui (ou acredita-se que possua) "*algum atributo ou característica que transmite uma identidade social que é desvalorizada em um determinado contexto social*". Essas definições compartilham a suposição de que as pessoas, que são os estigmatizados, têm (ou acredita-se que tenham) um atributo que os marca como diferentes e os leva a serem desvalorizados aos olhos dos outros. Importante sempre compreender que o estigma não reside na pessoa, mas em um contexto social. Uma vez que ele gera inúmeras consequências negativas, impactando as percepções internas, as emoções e as crenças da pessoa estigmatizada, podendo fazer com que esta adote uma conduta passiva e de autodesvalorização, contribuindo para o seu rebaixamento do humor e de auto estima, por fim, deixando de desempenhar os seus papéis sociais, que impactam de forma significante no processo de intervenção, deve ter um papel de destaque durante o processo de intervenção.
- Personalidade: de acordo com o CID 10, personalidade pode ser compreendida como comportamentos arraigados e permanentes, que abrangem as esferas pessoal e social do indivíduo, determinados por condições de desenvolvimento que surgem na infância ou adolescência. Considerando que os seus traços têm consequências, no sentindo de que suas características estão associadas a

uma variedade importante de indicadores nos níveis individual, interpessoal e social (Ozer, Benet-Martínez, 2006) tais informações devem sempre ser levadas em conta para a caracterização do indivíduo em reabilitação.

- Crenças e pensamentos automáticos: conceitos oriundos da Terapia Cognitivo Comportamental. Esta postula que há pensamentos nas fronteiras da consciência que ocorrem espontânea e rapidamente e são uma interpretação imediata de qualquer situação. São, portanto, denominados automáticos e distintos do fluxo normal de pensamentos observado no raciocínio reflexivo ou na livre associação (Knapp & Beck, 2008). Existem, assim, as distorções cognitivas, como por exemplo, a catastrofização, pensamento tudo ou nada, rotulação, e outros, que tem direta influência na forma como o indivíduo lidará com a sua reabilitação. E, nas raízes dessas interpretações automáticas distorcidas estão os pensamentos disfuncionais mais profundos, chamados de crenças nucleares ou esquemas, compreendidas, conforme Clark, Beck & Alford (1999), como estruturas cognitivas internas relativamente duradouras de armazenamento de características genéricas ou prototípicas de estímulos, idéias ou experiências que são utilizadas para organizar novas informações de maneira significativa, determinando como os fenômenos são percebidos e conceitualizados, e, portanto, irão determinar como individuo gerencia a sua vida, bem como quais estilos de enfrentamento irá empregar para lidar com as suas demandas.
- *Coping* / estilos de enfrentamento: de acordo com Folkman & Lazarus (1980), o coping compreende quatro essenciais definições, a saber: é um processo ou interação entre o indivíduo e o meio-ambiente; seus

mecanismos gerenciam uma situação estressante, ao invés de controlá-la ou superá-la; compreende a noção de avaliação (como o indivíduo percebe, interpreta e representa mentalmente um fenômeno) e envolve esforços para gerenciar, reduzir ou suportar demandas externas e internas que são avaliadas como "cargas" para as pessoas. Desta forma, o *coping* tem sido considerado como um outro alvo de intervenção na clínica da psiquiatria e da reabilitação (KAPCZINSKI et al., 2008).

- Ansiedade: a ansiedade é um achado comum em pessoas com distúrbios neuropsiquiátricos, sendo a resposta comportamental mais comum à esta, a evitação (LEE et al., 2010). Pessoas com condições psiquiátricas que experimentam comprometimento cognitivo tendem a afastar-se das demandas psicossociais que evocam ansiedade para diminuir suas experiências de fracasso social. De maneira mais ampla, as demandas cognitivas da vida cotidiana podem gerar ansiedade, o que por sua vez, pode limitar ainda mais as capacidades funcionais e potencializar o declínio psicossocial, e isso deve ser considerado pelos profissionais que trabalham com a RN nestas populações clínicas (HARVEY et al., 2010; LEIFKER et al., 2009).
- Humor: humor, ou estado de ânimo, é definido como o tônus afetivo do indivíduo, o estado emocional basal e difuso no qual ele se encontra em determinado momento (DALGARRONDO, 2000). É a disposição afetiva de fundo que penetra toda a experiência psíquica. A concomitância entre déficits relacionados ao humor e à cognição não é surpreendente, dada a sobreposição entre circuitos corticais que modulam e humor e as funções cognitivas, tendo impacto direto na aderência ao programa de RN (WINGO et al., 2010; LEVY et al., 2011).

STATUS FUNCIONAL

A RN abarca como o paciente enfrenta e gerencia os problemas cotidianos e quais são as estratégias que melhor se adequariam às demandas funcionais. Assim sendo, o emprego de avaliações funcionais tem papel relevante na delimitação de um acurado perfil de funcionamento individual, incluindo os aspectos cognitivos, emocionais, sociais e interpessoais.

Neste sentido, a Classificação Internacional de Funcionalidade (CIF) da Organização Mundial da Saúde (OMS) é um sistema descritivo que destaca o fato de que as deficiências cognitivas são construções conceituais derivadas de observações comportamentais e que as deficiências associadas não são elas próprias atribuíveis especificamente a um único déficit cognitivo (Wade & Halligan, 2004). A CIF foi projetada para registrar e organizar uma ampla gama de informações sobre saúde e estados relacionados à saúde (Cieza et al., 2004). A classificação destina-se ao uso em vários setores que incluem, além de saúde, educação, trabalho, políticas de saúde e deficiência e estatísticas. No contexto clínico, destina-se ao uso na avaliação de necessidades, adequando intervenções a estados específicos de saúde, reabilitação e avaliação de resultados. Com relação aos propósitos clínicos, e de acordo com o conceito de medidas de status de saúde específicas da condição, parece mais útil vincular condições ou doenças específicas a categorias de funcionamento importantes da CIF (Stucki et al., 2002).

Considerando que a CIF (OMS, 2015) engloba 1454 aspectos relativos à funcionalidade das pessoas, houve a proposta de criação de *Core Sets*, ou seja, um conjunto de itens chave que descreve de forma típica a funcionalidade das pessoas com uma determinada condição de saúde. Desta forma, eles são ferramentas bem adaptadas à prática da RN e representam um meio de monitorar mudanças no funcionamento psicossocial e funcional, configurando-se em importantes instrumentos para avaliação funcional para intervenção em RN bem como em medidas de eficácia para monitoramento da evolução. Por fim, cabe ao profissional avaliar e considerar o emprego de outros instrumentos funcionais a fim de abarcar todas as necessidades do caso. Toda a apresentação dos *Core Sets* de interesse ao reabilitador, incluindo o arcabouço da CIF e seus *Core Sets* de uma forma objetiva e precisa, para seu emprego na avaliação funcional, com orientações de uso, descrição dos itens, atribuição de qualificadores, peculiaridades de cada *Core Set*, e as considerações para o estabelecimento de metas a fim de culminarem na proposição de uma plano de intervenção em RN mais eficaz, é tema do primeiro Manual desta Coletânea, intitulado "Manual para Aplicação dos *Core Sets* da Classificação Internacional de Funcionalidade (CIF) na Reabilitação Neuropsicológica dos Transtornos Psiquiátricos" Loschiavo Alvares (2020), com aprofundamento em seu curso virtual, disponínel em www.cursos.nexusclinica.com.br.

Para uma análise mais crítica dos resultados advindos da CIF e seus *Core Sets*, e para embasar o estabelecimento de metas e formulação clínica para RN (ver Capítulo 5), sugere-se registrar no box do Status Funcional a listagem das categorias de Atividade e Participação nas quais o paciente tenha apresentado piores qualificadores de capacidade e desempenho.

PERFIL COGNITIVO ESPERADO E OBSERVADO

Considerando os perfis neuropsicológicos expectados para cada transtorno, já são bem descritos na literatura concernente aos transtornos psiquiátricos, que a maioria destes inclui o prejuízo, minimamente, em algum aspecto da cognição. Evidências crescentes indicam que esses déficits podem predispor os indivíduos a desenvolver o transtorno psiquiátrico, podem ser um marcador precoce da doença subsequente, estando presentes no período prodrômico, contribuem para a recidiva dos sintomas, estando relacionados, portanto, ao prognóstico funcional (Etkin, Gyurak & O'Hara, 2013). De fato, o funcionamento cognitivo prediz o curso da doença em longo prazo, independente dos sintomas que podem ser mais característicos ou diagnósticos da doença (por exemplo, alucinações na esquizofrenia, problemas de regulação do humor no TAB e ruminação na depressão). Acrescido ao acima exposto, embora certos sintomas de transtornos psiquiátricos sejam atenuados pelas drogas atuais, os déficits cognitivos geralmente não melhoram e podendo até agravar (Millan et al., 2012). Assim, o funcionamento cognitivo é uma dimensão de extrema relevância nos transtornos psiquiátricos, bem como nos casos de LEA, ultrapassando os limites tradicionais de diagnóstico e a intervenção específica, no caso a RN, devendo ser um objetivo importante nos esforços para melhorar a qualidade de vida dos pacientes (Loschiavo-Alvares & Wilson, 2020). Tais informações podem ser angariadas também através dos resultados da avaliação neuropsicológica, ou a partir do emprego de testes de domínio público, conforme explicitados na Tabela 1. Ressalva seja feita que ao considerar os distintos constructos cognitivos, principalmente sob a perspectiva dos transtornos psiquiátricos, mencionamos sempre as "funções universais" – atenção, memória e funções executivas- , ou seja aquelas que sempre são comprometidas e que, portanto, são o ponto de partida e sempre devem fazer parte da avaliação, bem como da reabilitação, independente do diagnóstico do indivíduo, sempre acrescidas das funções relevantes para cada condição de saúde, por exemplo, a linguagem na dislexia, cálculo e aprendizagem nos transtornos do desenvolvimento. Ver Loschiavo Alvares & Wilson (2020) para maior compreensão dos perfis neuropsicológicos para as distintas condições de saúde psiquiátricas.

Mas, para a construção da formulação clínica, a compreensão do perfil neuropsicológico apresentado pelo paciente é fator determinante, uma vez ser a partir dai que o reabilitador compreenderá as potencialidades e fraquezas cognitivas, a fim de manipulá-las, ativamente, na proposição de estratégias de intervenção com fins funcionais e significativos. Assim sendo, cabe ao reabilitador compreender os modelos teóricos, aprofundar-se na apropriação dos conteúdos relativos aos vários construtos cognitivos para, ao lançar mão de tais conhecimentos, ter parâmetros para a realização de uma avaliação mais ampla, funcional, contextualizada às demandas cotidianas de seus pacientes, edificando assim, a primeira etapa da RN. Para tanto, serão abaixo, apresentados os domínios cognitivos, com uma breve contextualização téorica, visando trazer uma perspectiva mais pragmática, operacional para a devida ferramentalização para a intervenção em RN.

Funcionamento Intelectual Geral

Inteligência é a capacidade de pensar racionalmente, aprender com eficácia, compreender ideias complexas e se adaptar ao ambiente. Conseqüentemente, a inteligência é melhor vista como uma habilidade geral que pode influenciar o desempenho em uma ampla gama de tarefas cognitivas (Matzel & Souce, 2017). O quoeficiente de inteligência (QI) é a quantificação da inteligência de um indivíduo em relação a seus pares de idade semelhante, sendo uma das características psicológicas mais hereditárias, e a pontuação de um indivíduo em um teste moderno de QI é um bom preditor de muitos resultados de eficácia, incluindo sucesso educacional e profissional, saúde (Gottfredson 1998). Este resultado é coletado a partir de uma testagem de Inteligência, no Brasil realizada por psicólogos, a partir da qual pode-se inferir o resultado de QI com a devida apresentação do percentil.

As Funções Universais – Atenção, Memória e Funções Executivas

Atenção

Conforme Kandel (2009), prestar atenção em algo significa dar foco a determinados aspectos e, ao mesmo tempo, eliminar (ou ignorar) vários outros que estão ao redor, logo, o autor refere-se à atenção como "um filtro", a partir do qual alguns itens ganham maior destaque, em detrimento de outros. Neste sentido, Myers (2012, p. 68) afirma que atenção é um feixe de luz: "Por meio da atenção seletiva, sua atenção consciente focaliza, como um feixe de luz, apenas um aspecto muito limitado de tudo aquilo que você vivencia".

Já Sohlberg e Mateer (2015) propõem cinco componentes para organizar tanto a avaliação, a atenção, quanto às estratégias de intervenção, conforme explicitado a seguir.

a) Atenção focada: compreendida como a resposta básica ao estímulo, como virar a cabeça para estímulo auditivo.
b) Atenção mantida/sustentada: este componente engloba tanto a vigilância, ou seja, a manutenção da atenção ao longo do tempo durante atividade contínua, como também tem como pré-requisito a memória operacional, um componente executivo que faz a sustentação e a manipulação da informação alvo.
c) Atenção seletiva: capacidade de selecionar os estímulos alvo, atuando livre da distratibilidade (incapacidade de filtrar estímulos externos irrelevantes).

d) Atenção alternada: envolve a capacidade de flexibilidade mental, outro componente de interseção com as funções executivas.

e) Atenção dividida: corresponde à habilidade para responder simultaneamente a duas tarefas.

Memória

A memória pode ser definida como a capacidade de receber, armazenar e recuperar informações. Embora não seja possível restaurar o funcionamento da memória, é possível que as pessoas compensem, contornem ou reduzam seus problemas diários, e assim, vivam com mais eficiência em seus próprios ambientes de forma mais apropriada e funcional (Loschiavo-Alvares & Wilson, 2020).

Uma proposta taxonômica da memória é baseada na duração da retenção das informações. A de curto prazo refere-se à retenção de informações em breves intervalos de tempo (da ordem de segundos). Por outro lado, a memória de longo prazo envolve a aquisição e retenção de informações por longos períodos de tempo. E esta pode ainda ser subdividida em memória declarativa, aquisição e retenção de conhecimento, e memória não declarativa, mudanças no desempenho induzidas pela experiência, incluindo habilidades aprendidas e operações cognitivas modificáveis. Logo, a memória declarativa ou explícita incluiria as memórias episódica e semântica. A memória semântica trata da informação do conhecimento factual do mundo, conhecimento independente do contexto, que é adquirido por meio de múltiplas repetições ou exposições a ele. Refere-se, por exemplo, ao conhecimento de significado de palavras, objetos, pessoas e conhecimentos gerais. Já a memória episódica é responsável pela aprendizagem e pelo armazenamento de informações e eventos pessoalmente vividos em um determinado tempo e espaço. É informalmente referida como memória recente. O processo de memorização envolve três estágios: codificação, armazenamento e recuperação. O estágio de codificação consiste em converter entradas sensoriais em vestígios ou traços de memória que podem ser posteriormente reativados. Armazenamento é o processo no qual as informações são mantidas para uso posterior. Finalmente, a recuperação consiste em um processo de evocação da informação codificada e armazenada. Importante que o reabilitador se aproprie destes conhecimentos uma vez que, ao considera-los, pode usá-los como guias a fim de tornar qualquer tarefa, atividade enquanto uma ferramenta de avaliação cognitiva funcional.

E, por fim, a memória de procedimento ou implícita inclui habilidades (motoras, perceptuais e cognitivas), efeito de pré-ativação / priming, condicionamento clássico, habituação e tudo que foi aprendido mas que só pode ser aferido através do desempenho (Squire, 1986).

Funções Executivas

As funções executivas referem-se a um termo "guarda-chuva" e incorporam todos os processos cognitivos complexos necessários para gerenciar o comportamento humano (Hughes & Graham, 2002). Fuster (2000) refere-se às funções executivas como aquelas responsáveis por iniciar e desenvolver uma atividade que tenha um objetivo final determinado. Fazem parte de seu sistema funcional vários processos cognitivos, como: planejamento, controle inibitório, tomada de decisões, flexibilidade cognitiva, memória operacional, atenção, categorização e fluência (Papazian et al, 2006). Tais processos favorecerão a possibilidade de soluções para novos problemas propostos, pois atuam no planejamento e regulação do comportamento adaptativo, para atingir um objetivo específico (Cypel, 2007).

Existem diversos modelos de funções executivas, dentre eles ressalta-se o de Solberg e Mateer (2015). Neste, foram considerados diferentes componentes das funções executivas com alta relevância clínica, quais sejam:

a) Iniciação e conduta: compreendida como a habilidade de iniciar um comportamento de forma voluntária, respondendo às informações do contexto.

b) Inibição de respostas: capacidade de inibir respostas em curso ou respostas prepotentes, com comportamento flexível, visando ao alcance de um objetivo.

c) Persistência na tarefa: habilidade de manter um comportamento, per-istindo neste até completar a tarefa. Tal domínio está intrinsecamente associado à resposta inibitória.

d) Organização: capacidade de controlar e administrar a informação de forma que ela fique organizada e sequenciada. Seu bom funcionamento é dependente da memória operacional. A identificação do objetivo, o planejamento, a noção e a gestão de temporais estão relacionadas a esta.

e) Pensamento criativo: habilidade de propor distintas soluções para um problema, sendo, portanto, a flexibilidade cognitiva, componente fundamental.

f) Conscientização: habilidade para identificar as próprias ações e sentimentos, bem como de compreender e responder ao feedback ambiental a fim de modificar o próprio comportamento.

Linguagem

A linguagem pode ser definida como um conhecimento de regras e princípios e das maneiras de dizer e fazer coisas com sons, palavras e frases, em vez de apenas conhecimento de sons, palavras específicos, e frases (Elmes, 2013).

Segundo Vygotsky (1962, conforme citado em Nunan, 2010), a linguagem desempenha um papel crucial no desenvolvimento cognitivo, pelo menos a partir do momento em que a criança promove a competência linguística. A linguagem, inicialmente desenvolvida como meio de comunicação social, é posteriormente internalizada e se torna uma ferramenta essencial na formação de processos cognitivos relevantes para a elaboração do sistema simbólico abstrato que permitirá à criança organizar o pensamento. Vygotsky (1978, conforme citado em Turuk, 2008) afirma que a criança adquire conhecimento por meio de contatos e interações com as pessoas como primeiro passo, depois assimila e internaliza esse conhecimento agregando a ele seu valor pessoal. A linguagem funciona como um organizador do conhecimento (Hamers & Blanc, 2000).

Na Classificação Internacional de Funcionalidade, a linguagem é codificada na categoria b167, intitulada **Funções Mentais da Linguagem**, quais sejam, as funções mentais específicas de reconhecimento e utilização de sinais, símbolos e outros componentes de uma linguagem e incluem funções de recepção e decifração da linguagem oral, escrita ou outras formas de linguagem como linguagem de sinais; funções de expressão da linguagem oral, escrita e de outras formas de linguagem; funções integrativas da linguagem oral e escrita como aquelas envolvidas na afasia receptiva, expressiva, afasia de Broca, de Wernicke e de condução (OMS, 2015).

Habilidades Sociais

As habilidades sociais se definem pela relação entre as instâncias de respostas observáveis em episódios de interação social e os antecedentes (demandas ou estímulos discriminativos) e conseqüentes (observados ou inferidos como prováveis a curto e/ou médio prazo) associados a essas respostas. Além da função, também a forma da resposta é importante para caracterizá-la como habilidade social. A diversidade de combinações entre as características formais e funcionais de determinadas respostas sociais, caracteriza um amplo conjunto de classes de comportamento que podem ser classificadas como: habilidades sociais de comunicação, de assertividade, empáticas, de solução de problemas interpessoais, dentre outras. Cada uma dessas classes é geralmente composta por subclasses, como por exemplo, perguntar, responder, concordar, discordar, instruir, questionar (Del Prette & Del Prette, 2008).

Praxia

Praxia é a capacidade de realizar ações específicas e predefinidas ou de realizar movimentos aprendidos e propositais, independentemente de déficits sensoriais, motores e cognitivos que possam prejudicar a compreensão da tarefa, o reconhecimento do estímulo e a implementação da resposta.

O termo apraxia deriva do grego (a = privativo; prassein = fazer) e pode ser entendido como o comprometimento da capacidade de realizar movimentos, gestos ou habilidades previamente aprendidos, espontaneamente e/ou ao comando, seguido de uma disfunção e/ou lesão cerebral, cujos sistemas envolvidos na execução da ação estão intactos (ausência de distúrbios motores) e com plena consciência do ato a cumprir. O apráxico apresenta dificuldade em realizar movimentos ao comando verbal e atos de mímica, mas, em alguns casos, pode executar os mesmos movimentos de modo adequado com iniciações automáticas (Vaz et al., 1999). No ambiente clínico, existem diferentes formas de apraxia, ver artigo citado anteriormente.

A cognição numérica, conforme Santos et al. (2012), baseia-se em dois componentes, a saber: o processamento numérico e cálculo. Seu desenvolvimento é influenciado por fatores biológicos, cognitivos, educacionais e culturais.

O cálculo se refere às operações matemáticas, como adição, subtração, multiplicação e divisão; que requerem palavras operacionais (mais, menos, vezes, divisão) e símbolos (+, -, × ou ÷), a recuperação deles e de outros fatos aritméticos, e o procedimento de cálculo aritmético. Já o processamento numérico refere-se à compreensão dos símbolos numéricos associados às quantidades e à produção de números na leitura, escrita e contagem de números (McCloskey, Caramazza, & Basili, 1985).

O processamento das operações matemáticas na prática depende: a) da disponibilidade de representações cognitivas de números – arábico visual, verbal e magnitude analógica – (modelo de código triplo; Dehaene, 1997), que interagem dinamicamente sem a necessidade de associação entre os números, e as próprias quantidades; b) habilidades numéricas que são baseadas em uma variedade de representações específicas da modalidade (por exemplo, códigos visuoespaciais e verbais-auditivos) em diversas tarefas de processamento de números que suportam a visão específica integrada (complexo de codificação) do processamento de números (Campbell & Clark, 1992).

Na CIF elas são denominadas Funções de Cálculo, funções mentais específicas de determinação, aproximação e manipulação de símbolos e processos matemáticos e abrangemfunções de adição, subtração e outros cálculos matemáticos sim- ples; funções de operações matemáticas complexas.

Habilidades Motoras

Habilidades motoras (também chamadas de movimento) são definidas como padrões de movimento observáveis e direcionados a um objetivo (Burton & Miller, 1998). Na CIF, o controle movimento está classificado, de uma forma mais ampla, em duas categorias, e b760 Funções relacionadas ao controle dos movimentos voluntários e b765 Funções relacionadas ao controle dos movimentos involuntários. A categoria b760 refere-se às funções associadas ao controle sobre os movimentos voluntários e à coordenação dos mesmos, incluindo, funções de controle de movimentos voluntários simples e de movimentos voluntários complexos, coordenação de movimentos voluntários, funções de apoio de braço ou perna, coordenação motora direita-esquerda, coordenação olho-mão, coordenação olho-pé; deficiências como problemas de controle e coordenação, e.g., disdiadococinesia. E a b765 versa sobre as funções relacionadas aos movimentos involuntários, compreendidas como as funções de contrações involuntárias, não ou semi-intencionais de um músculo ou grupo de músculos, inclui deficiências como tremores, tiques, maneirismos, estereótipos, perseveração motora, coréia, atetose, tiques vocais, movimentos distônicos e discinesia.

RELAÇÕES FAMILIARES E CONTEXTO

As relações familiares ocupam papel central tanto no manejo do paciente pós lesão encefálica adquirida (LEA), bem como no paciente com transtorno psiquiátrico. Em 1948 o médico Henry Richardson descreveu o papel do cuidado à família na recuperação de problemas de saúde física e mental. Sua obra mais marcante é a intitulada "Os pacientes têm famílias" que se tornou a base da abordagem sistêmica das intenções familiares (Falloon, 2003). Vários são os trabalhos que, atualmente, abordam esta temática, e em todos, os fatores familiares configuram-se em uma variável-chave para alcançar a recuperação estável de transtornos mentais graves e de indivíduos pós LEA (Kreutzer et al., 2010; Rajneesh et al., 2020). O modelo da CIF ilustra o papel essencial dos fatores ambientais e pessoais para o nível de funcionamento e incapacidade de uma pessoa. Os fatores ambientais podem atuar como barreiras (produzindo ou aumentando a gravidade de uma deficiência) ou como facilitadores (melhorando ou mesmo eliminando uma deficiência). Por esse motivo, os fatores ambientais devem sempre ser levados em consideração ao descrever o nível de funcionamento de uma pessoa (Loschiavo-Alvares, 2020). Daí a relevância de considerá-las na formulação clínica para a intervenção em RN.

CONSIDERAÇÕES FINAIS

Importante ressaltar que as supracitadas informações, fundamentos das considerações do indivíduo apresentadas neste capítulo, podem ser coletadas a partir da anamnese, conduzida com o paciente, familiar e/ou cuidador e outras pessoas que sejam relevantes para a condução do caso, bem como a partir de instrumentos específicos ou recursos padronizados. Desta forma, segue tabela abaixo com algumas sugestões de escalas, questionários, e referências disponíveis no Brasil, que são consideradas de domínio público, até a publicação deste manual.

Tabela 1 – Sugestão de Alguns Instrumentos e Recursos Padronizados

Componente da formulação clínica	Nome do instrumento / recursos padronizados	Referência
Estigma	Escala de discriminação e estigma (disc-12 brasil)	Oliveira (2014); Oliveira (2020).
Crenças e pensamentos disfuncionais	Lista de distorções cognitivas e registro de pensamentos disfuncionais	Knapp & Beck (2008)
Coping	Escala de Modos de Enfrentamento de Problemas – EMEP	Seidl et al. (2001)
Ansiedade e depressão	Escala Hospitalar de Ansiedade e Depressão – HDS. Geriatric Depression Scale – Escala de Depressão Geriátrica – GDS	Marcolino et al. (2007) Apóstolo et al. (2018)
Status funcional	Classificação Internacional ee Funcionalidade e seus Core Sets para as Distintas Condições de Saúde	Loschiavo-Alvares (2020).

COMPONENTES DAS CONSIDERAÇÕES DO DIAGNÓSTICO

4

As considerações do diagnóstico são compostas pela Neuroprogressão e Influências Biológicas, que auxiliarão na determinação do Prognóstico Global, e pelas Medicações em Uso. Logo, seguem alguns breves referenciais teóricos apenas para a estruturação da compreensão, cabendo ao reabilitador a coleta e registro de todas as informações que se seguem.

NEUROPROGRESSÃO E INFLUÊNCIAS BIOLÓGICAS

Enquanto o modelo de RN proposto por Wilson, em 2002, incluía a consideração do "quanto" de recuperação esperar após uma lesão cerebral, é mais relevante na clínica dos transtornos psiquiátricos considerar o prognóstico, particularmente no que tange à neuroprogressão, como postulado por Loschiavo Alvares & Wilson (2020). Este termo tem sido usado para definir a reorganização patológica do sistema nervoso central (SNC) ao longo do curso de transtornos mentais graves (Gama et al., 2013). Aqui, é importante considerar a "carga alostática" (Kapczinski et al., 2008), ou seja, a capacidade de alcançar a estabilidade através da mudança (McEwen & Stellar, 1993). Os sistemas alostáticos ou adaptativos têm um papel fundamental na resposta a uma variedade de situações que não sejam estritamente alterações fisiológicas, como estar acordado ou adormecido, se exercitar, lidar com ruídos, infecções, fome etc. Para perceber ou antecipar demandas, há uma necessidade de alterar os parâmetros internos a fim de manter o funcionamento normal. Inicialmente, os mecanismos alostáticos são protetores para o organismo; no entanto, há um custo a ser pago por essa redefinição forçada de parâmetros, especialmente se os processos alostáticos se tornarem extremos ou ineficientes (Kapczinski et al., 2008). Em outras palavras, a carga alostática é o 'desgaste' do corpo e do cérebro que resulta da hiperatividade crônica ou inatividade dos sistemas fisiológicos envolvidos na adaptação aos desafios ambientais (McEwen & Wingfield, 2003).

Considerando o acima exposto, como os efeitos fisiológicos do estresse são neurotóxicos e levam ao declínio cognitivo ao longo do tempo, é muito importante considerar todas as variáveis clínicas, quais sejam, a idade do diagnóstico, o tempo de evolução, a caracterização da história familiar de transtornos psiquiátricos, haja vista a questão da herdabilidade e endofenótipos, se há episódios de alteração de humor, bem como o registro da ideação suicida e número de tentativas de auto extermínio, uso de drogas, número internações psiquiátricas e se o paciente já foi submetido a eletroconvulsoterapia (ECT). Todas estas são variáveis que se configuram em indicadores de gravidade clínica e são fundamentais para estabelecer o prognóstico da RN (Levy, Manove & Weiss, 2012).

Na área da saúde, por prognóstico, entende-se o juízo antecipado, prévio, feito pelo profissional, baseado necessariamente no diagnóstico e nas possibilidades terapêutica, acerca da duração, da evolução e do eventual termo de uma doença ou quadro clínico. É, portanto, a predição de como uma doença e/ou paciente irá evoluir. Assim, após colher todas estas informações, o reabilitador terá as referências para ponderar, em um primeiro instante, o que, teoricamente esperar da evolução de seu paciente do ponto de vista clínico, para já começar a delinear os marcos para a intervenção em RN. E são estas conjecturas, respaldadas à luz da teoria, norteadora da prática em RN e nas considerações do diagnóstico em conjunto com as do indivíduo, que devem ser registradas no box Prognóstico Geral. Tais informações podem e devem ser coletadas com o paciente, família, através de revisão de prontuário e também através de reuniões de equipe.

MEDICAÇÕES EM USO

O conhecimento acerca do mecanismo de ação dos psicofármacos, o potencial de efeitos adversos, especialmente sobre cognição e funcionalidade, e o impacto da melhora dos sintomas nos transtornos mentais é de grande valia para fundamentar, ainda mais, o processo de intervenção. E, uma vez que a cognição representa um dos fatores fulcrais nos transtornos psiquiátricos, e, considerando sua intrínseca relação com os fármacos, é de extrema relevância abarcar tal aspecto na formulação do raciocínio clínico para intervenção na RN.

Nunes (2020), em seu capítulo intitulado Intervenção Farmacológica nos Transtornos Psiquiátricos, no livro de Loschiavo Alvares & Wilson (2020), traz, de forma aprofundada, os fundamentos básicos das principais classes de psicofármacos utilizadas atualmente, a fim de que o profissional da reabilitação tenha um entendimento clínico mais amplo do caso em que está atuando. Esta publicação fica, portanto, como referência para o aprofundamento desta temática, que além de trazer um detalhamento farmacológico mais pragmático, agrega ainda uma recente e vasta revisão bibliográfica.

Neste manual, que visa fundamentalmente agregar recursos clínicos para o reabilitador, é apresentada uma proposta de registro das medicações em uso pelo paciente (Figura 1), conforme as classes, antidepressivos, estabilizadores do humor, antipsicóticos, psicoestimulantes, benzodiazeoínicos e outros, para registro de medicações para outros fins terapêuticos. Na sequencia, as Tabelas 1, trazem as substâncias pertencentes a cada uma delas, disponíveis no Brasil por via oral, como referência para a consulta para a formulação clínica. Conforme Nunes (2020), os psicofármacos constituem uma grande e diversa família de medicações, utilizados para uma enorme variedade de condições clínicas e psiquiátricas. São versáteis e têm um uso difundido em todo o mundo. Ressaltando-se que a divisão em classes ainda é usada com efeito apenas didático, já que o perfil de ação e as características farmacocinéticas/farmacodinâmicas de cada droga parecem ser bastante individuais e heterogêneas (ex: um antipsicótico pode melhorar humor, ansiedade, impulsos e psicose).

Tabelas 1 – Descrição das substâncias pertencentes a cada uma faz classes de psicofármacos, disponíveis no Brasil por via oral, como referência para a consulta para a formulação clínica, adaptada de Nunes (2020).

ANTIPSICÓTICOS	
TÍPICOS	ATÍPICOS
Clorpromazina	Amissulprida
Flufenazina	Aripiprazol
Haloperidol	Asenapina
Levomepromazina	Clozapina
Periciazina	Lurasidona
Pimozida	Paliperidona
Tioridazina	Quetiapina
Trifluoperazina	Olanzapina
Zuclopentixol	Risperidona
	Sulpirida
	Ziprazidona

ANTIDEPRESSIVOS	
Inibidores das Monoaminoxidases (IMAO)	Inibidores Seletivos da Recaptação de Serotonina (ISRS)
Tranilcipromina	Citalopram
Moclobemida	Escitalopram
Tricíclicos e Tetracíclicos	Fluoxetina
Amitriptilina	Fluvoxamina
Clomipramina	Sertralina
Imipramina	Paroxetina
Nortiptilina	Duais
Maproptilina	Duloxetina
Atípicos	Desvenlafaxina
Trazodona	Venlafaxina
Bupropiona	Inibidores de Recaptação Tríplices
Mirtazapina	Vortioxetina
Agomelatina	

ANSIOLITICOS E HIPNOTICOS - BENZODIAZEPÍNICOS (BZD)	
BZD ação curta	BZD ação longa
Lorazepam	Clonazepam
Bromazepam	Diazepam
Alprazolam	Clordiazepóxido
Nitrazepam	Cloxazolam
Clobazam	Clorazepato
Midazolam	Drogas-z
Flurazepam	Zolpidem
Flunitrazepam	Zopiclona
Estazolam	Outros fármacos
	Buspirona

ESTABILIZADORES DO HUMOR
Lítio
Ácido Valpróico/Valproato
Carbamazepina/Oxcarbazepina
Lamotrigina
Topiramato

PSICOESTIMULANTES
Metilfenidato (MFDO)
Lisdexanfetamina

5 COMPONENTES DAS CONSIDERAÇÕES TEÓRICAS

MODELOS COMPLEMENTARES

De acordo com Wilson & Gracey (2009), no campo da RN, é necessário combinar a teoria, a metodologia científica e a relevância clínica. Neste sentido, é amplamente reconhecido que nenhum único modelo ou teoria é suficiente para lidar com as muitas e complexas dificuldades enfrentadas por pessoas tanto com comprometimentos neuropsicológicos decorrentes de um transtorno psiquiátrico bem como decorrentes de uma LEA. Em vez disso, torna-se necessário utilizar vários modelos e referenciais teóricos a fim de alcançar os melhores resultados para as pessoas que necessitam de RN.

Conforme as necessidades e demandas do paciente e da família, as questões cognitivas, emocionais, psicossociais e comportamentais devem ser avaliadas pormenorizadamente por meio de um modelo que seja mais pertinente. Neste sentido, existem vários que podem e dever ser usados em conjunto como o Modelo mestre adotado como referencial desta coletânea (Loschiavo-Alvares & Wilson, 2020), quais sejam: os modelos cognitivos de linguagem, leitura, memória, funcionamento executivo, atenção e percepção, por exemplo, podem fornecer detalhes sobre as forças e os déficits cognitivos.

Já os modelos oriundos da pesquisa e da Psicoterapia Cognitivo-Comportamental podem contribuir para a compreensão dos problemas emocionais e psicossociais, tal modelo é apresentado no Manual 7 desta coletânea, intitulado "Manual de Técnicas da Terapia Cognitivo Comportamental e Interfaces com a Neuropsicologia". Já um modelo comportamental auxiliaria na análise funcional com o intuito de identificar os antecedentes, especificar o comportamento real, e determinar as consequências de qualquer comportamento, permitindo uma melhor conceituação do comportamento disruptivo ou dos comportamentos inadequados.

Considerando o papel central da família tanto na RN dos indivíduos com os transtornos psiquiátricos, bem como após as LEA, considerando o extenso prejuízo tanto para o paciente bem como seus contextos e redes sociais, alterando os seus papéis, o modelo sistêmico também é fundamental para entender as alterações nos relacionamentos e nos padrões de comunicação, e entender como eles podem estar inadvertidamente criando barreiras ao ajustamento, à mudança de comportamento, à adesão e ao engajamento em papéis funcionalmente relevantes. Esta temática é abordada no Manual 9 desta coletânea, o "Manual de Técnicas da Abordagem Sistêmica Aplicadas à Reabilitação Neuropsicológica".

Ficando então, para você, reabilitador, como referencias para a estruturação de seu raciocínio clínico para orquestrar a sua intervenção em RN.

ABORDAGEM CIENTÍFICA

O clínico de excelência é o melhor pesquisador e a recíproca é também, verdadeira. Enxergar o paciente como um projeto de pesquisa implica em analisar globalmente o caso e todas as variáveis envolvidas, do componente à função e vice-versa, estabelecendo hipóteses e metas, traçando objetivos de curto, médio e longo prazo, delimitando a intervenção mais apropriada e analisando o seu im- pacto, empregando métodos objetivos de avaliação de eficácia.

Desta forma, conforme Ward (2003), considerando a prática baseada em evidências, o profissional deve sempre fazer uso das evidências científicas disponíveis na literatura para selecionar a intervenção mais adequada, respaldando seu raciocínio clínico com o único e maior objetivo que é promover a funcionalidade de seu paciente. Logo, para embasar a sua formulação clínica para a intervenção, no box, FUNDAMENTAÇÃO CIENTÍFICA PARA AVALIAÇÃO E PROPOSIÇÃO DA INTERVENÇÃO, sugere-se que você, reabilitador, acrescente as referências com estudos prévios, que embasam a proposição do seu plano de intervenção atual.

FOCO(S) DA INTERVENÇÃO

Conforme acima exposto, e considerando as especificidades de cada caso, os focos da intervenção podem ser um ou a combinação destes: restauração da função e/ou encorajamento da reorganização neuroanatômica, uso de habilidades residuais de forma mais eficiente, busca de caminhos alternativos e modificações ambientais. Levando em conta que um dos principais, se não o principal, objetivo da reabilitação é permitir que as pessoas retornem ao seu ambiente mais apropriado com o desempenho funcional significativo, a pessoa com tanto algum transtorno psiquiátrico, ou com algum acometimento pós LEA, e seus familiares e a equipe de reabilitação devem estar envolvidos no processo de negociação para o estabelecimento de metas, temática explorada na capítulo 6.

Os principais objetivos podem ser melhorar os comprometimentos, as restrições de atividades ou a participação social. Embora possa haver momentos ou estágios no processo de recuperação, nos quais é apropriado se concentrar nos comprometimentos, a maioria dos objetivos para os envolvidos na RN abarcará a atividade e a participação social (Wilson & Gracey, 2009).

Obviamente, há mais de uma maneira de tentar alcançar qualquer objetivo. Os esforços de reabilitação podem ter como alvo restaurar o funcionamento perdido ou facilitar a reorganização anatômica. A reabilitação também pode ajudar as pessoas a usar suas habilidades residuais mais eficientemente, encontrar meios alternativos para o objetivo final (adaptação funcional), usar modificações ambientais para contornar os problemas ou usar uma combinação desses métodos, também conforme explicitado no Capítulo 6.

Dentro do modelo da Organização Mundial da Saúde (Wilson & Gracey, 2009), os esforços de reabilitação devem ser centrados nos domínios ou níveis de funcionamento (comprometimentos, atividades ou restrições de participação social) ou dirigidos aos contextos pessoal e social (incluindo as crenças, avaliações e emoções do cliente, bem como as de outras pessoas significativas). Assim, a proposta de intervenção em RN deve sempre estar firmemente ancorada no contexto de atividades e nas interações pessoais e socialmente significativas (Loschiavo-Alvares & Wilson, 2020).

COMPONENTES DAS CONSIDERAÇÕES DO PACIENTE, FAMÍLIA E CONTEXTOS

6

Este capítulo traz a apresentação das instâncias relativas às considerações do paciente, família e contextos. Estas abarcam a determinação de instrumentos de avaliação da eficácia da intervenção, o processo de estabelecimento de metas com paciente, família, a implementação da RN e constante monitoramento da evolução desta com as revisões e atualizações periódicas, conforme evoluções e/ou novas demandas e metas funcionais.

AVALIAÇÃO DA EFICÁCIA DA INTERVENÇÃO

Uma das tarefas mais importantes em qualquer programa de reabilitação é a identificação dos problemas da vida cotidiana. Desde 1990, é possível observar uma ênfase crescente no desenvolvimento e uso de medidas de avaliação de resultados na RN como ferramentas para estimar a sua eficácia (McMillan & Sparkes, 1999; Loschiavo-Alvares et al., 2011). Neste sentido, as avaliações funcionais têm sido cada vez mais empregadas a fim de retratar com maior efetividade como os problemas cognitivos afetam o dia a dia do paciente (Wilson, 2002). Ser um clínico pesquisador, como já mencionado em outros trechos desta obra, contribui de forma substancial para que o reabilitador desenvolva procedimentos científicos e clínicos que visem responder se a sua intervenção produz melhores resultados do que uma intervenção tradicional ou uma condição de controle (Loschiavo-Alvares et al., 2011). Este é o maior propósito, demonstrar com respaldo metodológico, baseado em evidências, que o que fazemos, as variáveis que manipulamos no programa de RN, e as estratégias empregadas, repercutiram ou não no desempenho funcional de nossos pacientes, implicando assim, na adequação do nosso modo de intervenção. Logo, a avaliação a partir do alcance das metas estabelecidas no contexto da reabilitação, também ocupa papel de destaque (Sohlberg & Mateer, 2001). E, a partir desta postura crítica, construtiva e pragmática, o reabilitador conseguirá empreender todos os seus esforços e ferramental terapêutico para uma intervenção eficaz, que facilite a aprendizagem e o funcionamento cognitivo dinâmico.

O ESTABELECIMENTO DE METAS PARA INTERVENÇÃO

Os principais objetivos da RN são permitir que as pessoas com algum tipo de deficiência ou comprometimento atinjam um nível satisfatório de bem-estar, portanto reduzir o impacto de seus problemas no desempenho das tarefas que lhes são relevantes ajudam-nas a retornar aos seus próprios contextos mais apropriados (Loschiavo-Alvares & Wilson, 2020; Loschiavo-Alvares, 2020). Isto posto, a RN não tem outros propósitos senão focar em metas relevantes para a vida cotidiana do paciente, ser implementada no ambiente em que o paciente vive, ou, se isso não for possível, ser generalizada para esse cenário; ser colaborativa, e visar a redução da incapacidade e melhorar o funcionamento na vida real. Assim, a reabilitação é orientada para metas e concentra-se na conquista de objetivos significativos e funcionalmente relevantes para o paciente e para a família.

Dentro do vasto espectro da RN, o estabelecimento de metas é um elemento chave, uma vez que é a partir deste que se dá a identificação das necessidades, valores e expectativas do indivíduo em relação à sua reabilitação (Soberg et al., 2008). Logo, ele envolve o desenvolvimento e a implementação de um plano de reabilitação projetado para orientar e motivar um indivíduo em direção a um objetivo funcional específico, a partir das ocupações que lhes são significativas. Desta forma, cabe ao profissional da RN a incorporação de um meio de avaliar os objetivos e / ou o plano de intervenção. Os objetivos de reabilitação, conforme McPherson et al. (2017) e Levack et al. (2015), são definidos como "um estado futuro desejado a ser alcançado por uma pessoa com deficiência como resultado das atividades de reabilitação" e com o objetivo maior de otimizar o funcionamento. Os objetivos de reabilitação são descritos como uma bússola para as intervenções em reabilitação clínica (KUS et al., 2011). A CIF e seus *Core Sets* têm papel de maior destaque em todo este processo, pois a partir dela torna-se possível especificar metas em termos de funcionamento, incluindo a condição de saúde e os fatores contextuais, o que agrega substancialmente para o processo de formulação clínica para a intervenção em RN (Loschiavo-Alvares, 2020).

Diante do exposto, ressalta-se que o profissional da RN deve sempre considerar tanto a capacidade quanto o desempenho no processo de definição das metas de intervenção. E, a fim de viabilizar este processo, deve propor metas de reabilitação contendo objetivos e uma descrição dos fatores contextuais do paciente, abarcando sempre as atividades e participação, à luz da capacidade e do desempenho, conforme as categorias avaliadas na CIF. No sentido de que definir metas de reabilitação significativas e individualizadas são partes essenciais do processo de RN.

Steiner et al. (2002), propuseram o formulário de Resolução de Problemas para a Reabilitação (*Rehabilitation Problem-Solving Form*). Este foi baseado no Modelo da CIF, com o propósito de permitir aos profissionais de saúde analisar os problemas dos seus pacientes, a partir de alvos específicos, relacionando-os com as deficiências e com as variáveis relevantes e modificáveis, para o estabelecimento de metas. A abordagem de todo este processo foi proposta a partir da perspectiva dos pacientes, tornando-os ativos neste processo de tomada de decisão. Na prática clínica ele foi demonstrado com a apresentação de um caso de um paciente com síndrome de dor crônica, na clínica da fisioterapia. Neste sentido, a fim de mais ainda unificar o processo de raciocínio clínico para a intervenção, propõe-se o emprego do formulário abaixo (Figura 1), adaptado de Steiner et al. (2002), no qual é apresentada uma relação direta entre as queixas do paciente e ou familiar, e suas conexões com as categorias da CIF, e a partir destas é feito o processo de análise e formulação de metas para a intervenção em RN, conforme demonstrado na Figura 2, onde há a apresentação de uma caso clínico. À partir das queixas relatadas pelo paciente e família, é realizada uma interpretação à luz das categorias do *Core Set* (Loschiavo-Alvares, 2020), e a partir de então, através das categorias de atividade e participação estabelece-se uma associação com as dificuldades cotidianas relacionadas. Desta forma, o reabilitador terá de maneira mais tangível a relação entre os déficits cognitivos (dados pelas categorias de funções corporais) a incapacidade (representada pelas categorias de atividade e participação) e como intervir, ou seja, quais estratégias usar para impactar diretamente no desempenho da idosa no que tangem às suas atividades cotidianas. Logo as metas de intervenção são as resultantes de todo este processo de raciocínio clínico. Sugere-se o emprego desta ferramenta como facilitadora para o estabelecimento de metas e o raciocínio que fundamentará a intervenção.

Figura 1 – Fluxograma para unificação de pré-requisitos para o estabelecimento de metas para a formulação clínica em RN, com as diretrizes para preenchimento com orientações ao reabilitador

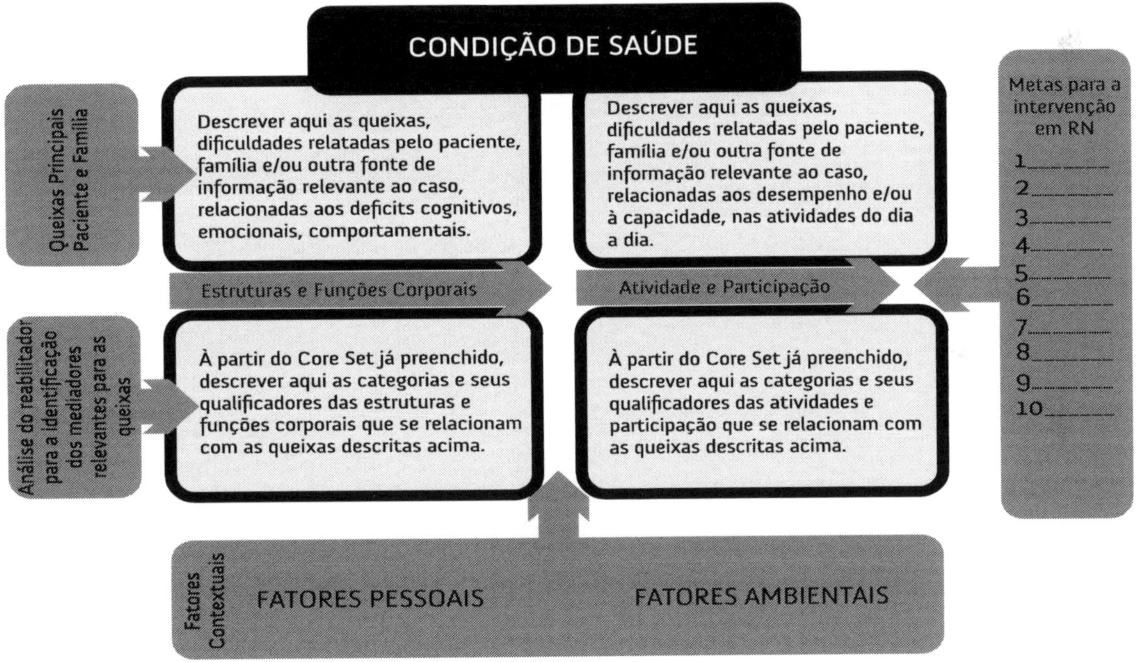

Figura 2 – Exemplo do uso do fluxograma para unificação de pré-requisitos para o estabelecimento de metas para a formulação clínica, em um caso de provável Demência de Alzheimer

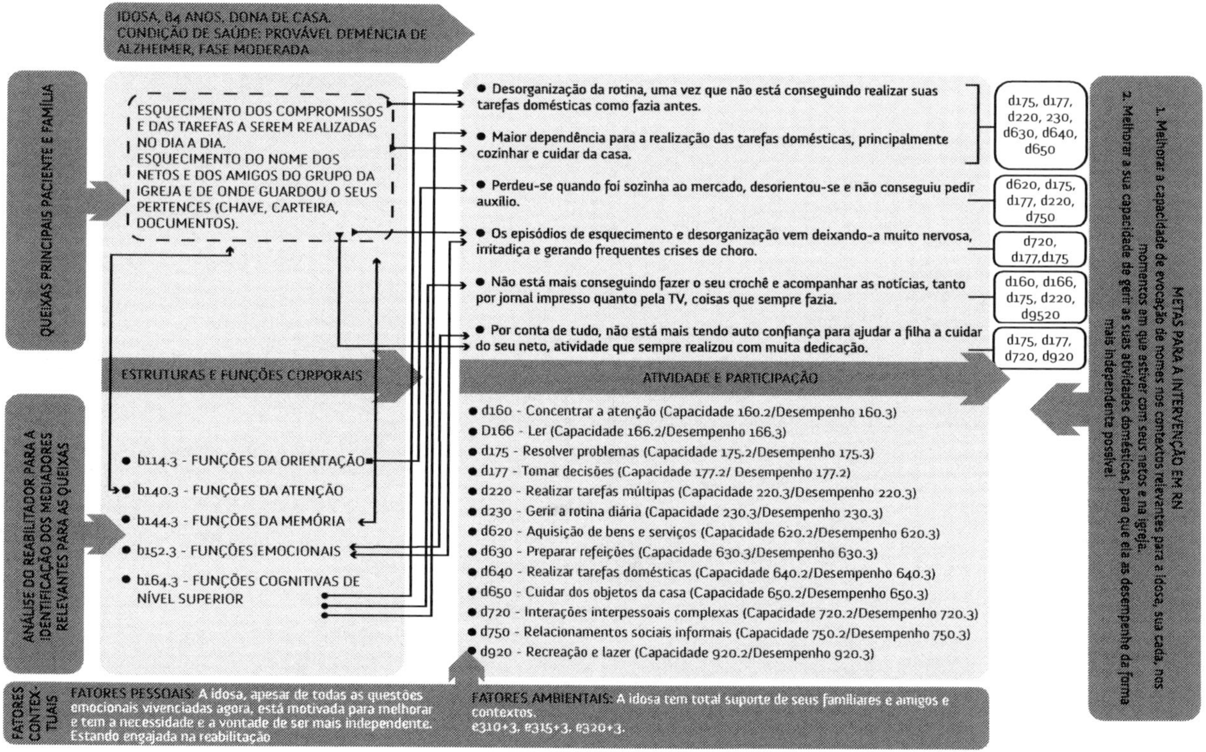

Assim, cada componente do modelo da CIF é destacado graficamente por um fundo cinza. Por exemplo, Condição de saúde é destacada na parte superior do modelo; os principais componentes do funcionamento ou das deficiências são destacados no meio do modelo, com o nível do corpo (da esquerda para a direita) ("Estruturas / Funções do Corpo"), o nível individual ("Atividades") e o nível social ("Participação"); e os fatores contextuais ("Fatores pessoais" e "Fatores ambientais") são destacados na parte inferior do modelo.

E para que você, reabilitador, tenha ainda de uma forma mais objetiva o acompanhamento das metas de seu paciente, segue a Tabela 1, enquanto um referencial para que utilize frequentemente em seu programa de RN. Desta forma, será possível acompanhar o status, ou seja, se a meta foi alcançada ou não, bem como a presença de indicadores subjetivos de desempenho (tanto para paciente bem como para outro informante) para que você utilize enquanto um outro parâmetro para avaliação da eficácia da intervenção. Uma vez que, como já ressaltado acima, a RN é um processo pragmático, dinâmico e que demanda sempre, atualizações periódicas, com estabelecimento de novas metas, a partir de novas demandas funcionais. Principalmente, em tratando-se de casos de pacientes com condições de saúde neuroprogressivas, onde ao invés de darmos alta para o individuo, damos alta para as metas, e, novamente, temos que iniciar o processo de formulação clinica para a intervenção.

Tabela 1 – Tabela para acompanhamento das metas de intervenção

METAS

STATUS DA META	INDICADORSUBJETIVO DE DESEMPENHO PACIENTE	INDICADOR SUBJETIVO DE DESEMPENHO OUTRO INFORMANTE
( ) Em aberto ( ) Em andamento ( ) Alcançada ( ) Não Alcançada Por que?	Na sua opinião, qual é o seu desempenho nesta tarefa, de o (péssimo) a 10 (excelente)? __________	Na sua opinião, qual é o seu desempenho nesta tarefa, de o (péssimo) a 10 (excelente)? __________
( ) Em aberto ( ) Em andamento ( ) Alcançada ( ) Não Alcançada Por que?	Na sua opinião, qual é o seu desempenho nesta tarefa, de o (péssimo) a 10 (excelente)? __________	Na sua opinião, qual é o seu desempenho nesta tarefa, de o (péssimo) a 10 (excelente)? __________
( ) Em aberto ( ) Em andamento ( ) Alcançada ( ) Não Alcançada Por que?	Na sua opinião, qual é o seu desempenho nesta tarefa, de o (péssimo) a 10 (excelente)? __________	Na sua opinião, qual é o seu desempenho nesta tarefa, de o (péssimo) a 10 (excelente)? __________
( ) Em aberto ( ) Em andamento ( ) Finalizada ( ) Não Alcançada Por que?	Na sua opinião, qual é o seu desempenho nesta tarefa, de o (péssimo) a 10 (excelente)? __________	Na sua opinião, qual é o seu desempenho nesta tarefa, de o (péssimo) a 10 (excelente)? __________

A IMPLEMENTAÇÃO DA REABILITAÇÃO NEUROPSICOLÓGICA

Uma vez estabelecidas as metas, conforme os procedimentos acima explicitados, cabe ao reabilitador delimitar o como intervir, quais estratégias usar. Para tanto, foi formulada a tabela abaixo, fazendo a associação entre os déficits cognitivos, as queixas do paciente, e as respectivas estratégias a serem empregadas para a abordagem terapêutica das dificuldades do paciente, alvo da nossa intervenção. Tal tabela é fundamental componente do processo de formulação clínica.

Tabela 2 – Como intervir? Componente da formulação clínica para escolha de quais estratégias usar, com um exemplo de caso para contextualização

Funções Cognitivas	Déficits Cognitivos	Impacto / Prejuízo Ocupacional: Parâmetros relevantes para o indivíduo	Estratégias de Reabilitação Neuropsicológica
Atenção e Memória	Baixa resistência a estímulos distratores, dificuldades de atenção.	Não consegue reter novos conteúdos, p.ex: estudos do novo idioma, matérias da pós- graduação.	Estratégias de Autocontrole : rotinas autoinstrucionais. Dispositivos ambientais: Calendário com planejamentos diários, listas de verificação. Técnicas de aprendizado de domínios específicos do conhecimento: RE, ASE, AP.
Funções Executivas	Impulsividade Dificuldade de planejamento – seqüenciamento, organização, tomada de decisão, dificuldades no manejo temporal e resolução de problemas.	Não consegue sustentar uma conversação (não consegue alinhavar um assunto até o fim); Não consegue se organizar e dar sequencia às atividades, portanto não realiza nenhuma AIVD, não cozinha. Não consegue aprender novas tarefas multietapas como: pagamento de contas via *internet banking*, chamar o Uber.	Controle Ambiental. Treinamento das rotinas específicas da tarefa. Treinamento da seleção e execução dos planos cognitivos (Proposta para complementação das tarefas – organizada para direcionar o planejamento, seqüenciamento, iniciativa e execução; Tarefas de Controle de tempo). Terapia auto- instrucional (GMT)

A fim de contextualizar as estratégias supra referenciadas, embora não faça parte deste manual a apresentação e aprofundamento desta temática, breves referencias foram feitas, concernente as estratégias para a reabilitação neuropsicológica da atenção, da memoria e das funções executivas, nos tópicos que se seguem.

Atenção

Sohlberg & Mateer (2001), propuseram quatro grupos de estratégias de intervenção para problemas atencionais, a saber: Processos de Treinamento da Atenção, Uso de Estratégias e Suportes Ambientais, Uso de Dispositivos externos e Suporte Psicossocial, conforme tabela 3.

Tabela 3 – Estratégias de Reabilitação Neuropsicológica da Atenção

Estratégias	Descrição
Processos de Treinamento de Atenção	Têm como pressuposto que as habilidades atencionais podem ser aprimoradas, proporcionando oportunidades de simular um aspecto particular da atenção. Neste sentido, como selecionar a tarefa/atividade específica? Tal pergunta é respondida levando-se em conta qual o componente da atenção que a atividade a ser proposta ativa; quais outras atividades poderiam ser usadas a fim de simular o mesmo tipo de processamento atencional; quais os métodos de pontuação dos parâmetros de desempenho objetivo e subjetivo, tais como precisão, velocidade e tipos de erros que poderiam ser empregados; e, por fim, cabe ao terapeuta refletir como manipular os componentes da atividade a fim de fazê-la mais fácil ou mais difícil, ou quais as outras atividades que poderiam formar uma hierarquia com esta atividade.

Estratégias	Descrição
Uso de Estratégias e Suportes Ambientais	Abarcam as de autocontrole (principalmente as rotinas autoinstrucionais que ajudam o indivíduo a focar sua atenção na atividade em curso) e os suportes ambientais, que envolvem o controle da tarefa e modificações ambientais.
Uso de Dispositivos Externos	Inclui, por exemplo, o uso de calendário com planejamentos diários, a escrita de listas de verificação, organizadores eletrônicos e aplicativos, gravadores de mensagem ativados pela voz, dispositivos específicos para a realização de uma tarefa alvo, enfim, qualquer tipo de facilitador externo que auxilie no desempenho da atividade.
Suporte Psicossocial	Em todo comprometimento cognitivo há um lastro psicossocial, assim, o emprego de abordagens psicoterápicas, mais uma vez frisando a importância do trabalho integrado com a Psicologia, que capacita os indivíduos a entender e modificar suas circunstâncias, auxiliando substancialmente no melhor prognóstico da RN

Memória

Existem três maneiras principais de auxiliar as pessoas com dificuldades de memória, a saber: auxiliar as pessoas a aprender de forma mais eficiente, ajudá-las a compensar seus problemas e adaptar o ambiente físico e verbal para diminuir a demanda de memória (Loschiavo-Alvares & Wilson, 2020), que foram apresentadas na tabela 4.

Tabela 4 – Estratégias de Reabilitação Neuropsicológica da Memória

Novos Aprendizados para Pessoas com Comprometimento de Memória	
Estratégia	**Descrição**
Apagamento de Pistas (AP)	Sistema pelo qual os avisos são fornecidos e depois retirados gradualmente. Por exemplo, pode-se esperar que alguém, aprendendo um novo nome, copie primeiro o nome inteiro e a última letra seja excluída; as duas últimas letras seriam excluídas e o processo repetido até que todas as letras fossem concluídas pela pessoa com problemas de memória.
Aprendizagem sem Erro (ASE)	É uma técnica de ensino, cuja probabilidade de erros durante a aprendizagem é minimizada na medida do possível. Os erros são evitados por meio do fornecimento de instruções faladas ou escritas, ou até mesmo, na condução do paciente em uma tarefa específica, modelando uma a uma as etapas de um procedimento.
Recuperação Espaçada (RE)	Também conhecida como ensaio expandido (Landauer & Bjork, 1978), envolve a apresentação do material a ser lembrado, seguido de testes imediatos e, em seguida, uma ampliação gradual do intervalo de retenção. A recuperação espaçada pode funcionar porque é uma forma de prática distribuída, ou seja, de distribuir as tentativas de aprendizado por um período de tempo, em vez de agrupá-las em um único bloco.

Dispositivos Externos e Estratégias Compensatórias	As estratégias de compensações provaram ser particularmente úteis para pessoas com *déficits* de memória, visando contornar a área do problema e ensinar ao indivíduo como usar certas estratégias para resolver problemas funcionais. A tecnologia é cada vez mais usada na reabilitação, não apenas por meio do emprego de procedimentos sofisticados de imagem, mas, inclusive, considerando nossos propósitos para auxiliar as pessoas a compensar problemas cognitivos e de memória.
Estratégias de Modificação Ambiental	Contornar ou evitar áreas problemáticas, alterando, reestruturando ou adaptando o ambiente, a fim de reduzir os requerimentos cognitivos.

Funções Executivas

O conjunto de estratégias de reabilitação das funções executivas divide-se em quatro grupos principais de técnicas, a saber: as relacionadas ao controle ambiental, ao treinamento de rotinas específicas das tarefas e de seleção e a execução dos planos cognitivos e as estratégias autoinstrucionais (Sohlberg & Mateer, 2001), conforme tabela 5.

Tabela 5 – Estratégias de Reabilitação Neuropsicológica das Funções Executivas

Estratégias	Descrição
Controle Ambiental	Tem como objetivo fulcral a organização do ambiente do paciente ou seu mundo externo, a fim de prevenir problemas que possam emergir devido às deficiências na iniciativa e autorregulação. O foco é que o ambiente deve sempre elicitar o comportamento alvo, como um paciente que precisa concentrar-se para estudar, deve fazê-lo em um ambiente livre de distratores, iluminado, com os materiais necessários ao alcance da mão. Assim, estas estratégias, abarcam a organização do espaço físico e a manipulação dos fatores fisiológicos, como nutrição, sono, nível de atividade, medicação.
Treinamento de Rotinas Específicas das Tarefas	Tem como mote principal habilitar o paciente para que ele desenvolva um comportamento ou uma série de comportamentos que constituem uma adaptação para o alcance de uma meta específica. Assim, a partir da meta funcional, o terapeuta trabalha com o paciente as habilidades de desmembrar a rotina em etapas simples e em sequência lógica, desenvolvendo e implementando uma lista de verificação das etapas da rotina, de forma que o paciente possa julgar qual etapa e tarefa foi completada com êxito, sempre proporcionando prática suficiente para cada uma, implantando reforço e motivação para a realização da tarefa como um todo.

Estratégias	Descrição
Treinamento de Seleção e Execução de Planos Cognitivos	É complementar ao de rotinas específicas das tarefas. Neste, a meta alvo de reabilitação, por exemplo, apresentar uma palestra no trabalho ou preparar uma refeição, é trabalhada em uma sequência hierárquica. Assim, inicialmente, começamos com cenários planejados, que visam à progressão do planejamento de tarefas hipotéticas para uma organização real da atividade planejada, passando pela proposta para complementação das tarefas, a fim de direcionar o planejamento, o sequenciamento, a iniciativa e a execução e, por fim, desenvolver tarefas de controle de tempo para a aquisição/adequação da habilidade de calcular, de forma precisa, a passagem de tempo, uma vez que é muito comum para as pessoas com disfunção executiva a perspectiva irreal do tempo, levando-as ou à subestimação ou à hiperestimação deste.
Estratégias Autoinstrucionais	O maior objetivo é o controle da execução de uma tarefa alvo, desde seu planejamento até sua completa integralização. Dentre as técnicas mais utilizadas está o treinamento de gerenciamento de objetivos, ou o *Goal Management Training* (GMT) (Levine et al., 2010).

7

O CICLO DE REABILITAÇÃO NEUROPSICOLÓGICA PARA A FORMULAÇÃO CLÍNICA E AS CONSIDERAÇÕES FINAIS

O CICLO DE REABILITAÇÃO NEUROPSICOLÓGICA

Considerando todo o conteúdo apresentado neste manual, e a fim de fornecer a você, profissional da reabilitação, um referencial de caminho, um percurso a ser trilhado para a formulação clínica para a RN, propõe-se o Ciclo da Reabilitação Neuropsicológica, que é apresentado abaixo na Figura 1.

Figura 1 – O ciclo da Reabilitação Neuropsicológica

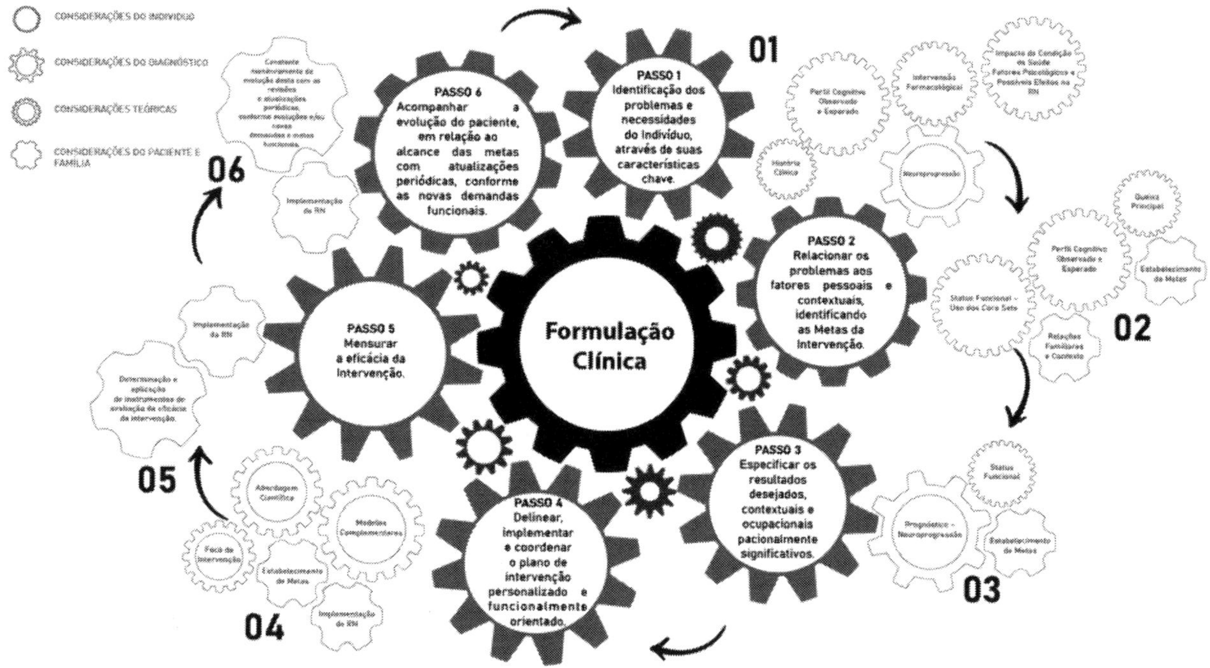

Sabe-se que não há uma "receita de bolo" para a condução da RN, mas sim é possível traçar coordenadas, para que você tenha as diretrizes, uma rota inicial a seguir, ressaltando que as vias colaterais serão sempre determinadas pelo seu paciente, por sua história, individualidades e características únicas. Mas, enfim, ao chegar até aqui, como então podemos traduzir os postulados do Modelo de Reabilitação Neuropsicológica, de Loschiavo Alvares & Wilson (2020), condutor desta formulação clínica, em elementos clínicos? Como transformar todo o arcabouço até aqui edificado neste manual em referências norteadoras? A resposta é o uso do ciclo acima, idealizado e delineado como uma ferramenta prática, no sentido de ser a tradução empírica do modelo supra referenciado. Desta forma, o ciclo traz uma abordagem estruturada concernente ao gerenciamento da reabilitação, que inclui todas as tarefas, desde a análise e identificação de problemas, demandas para a RN, até a mensuração da eficácia da intervenção, envolvendo o paciente, família e contextos na tomada de decisões clínicas.

Ele traz ainda, em sua essência, a proposta dinâmica, interativa e sinérgica de todos os componentes basais, que até então foram apresentados de forma fragmentada apenas como recurso didático, que vão desde a formulação clínica até a intervenção em RN. O ciclo é composto por seis passos, ou seja, as suas coordenadas para a formulação clínica para a RN, quais sejam:

- Passo 1: Identificação dos problemas e necessidades do indivíduo, através de suas características chave.
- Passo 2: Relacionar os problemas aos fatores pessoais e contextuais, identificando as metas da intervenção.
- Passo 3: Especificar resultados desejados, contextuais e ocupacionalmente significativos.

- Passo 4: Delinear, implementar e coordenar o plano de intervenção personalizado e funcionalmente orientado.
- Passo 5: Mensurar a eficácia da intervenção.
- Passo 6: Acompanhar a evolução do paciente, em relação ao alcance das metas, com atualizações periódicas, conforme novas demandas funcionais.

E para o alcance de cada coordenada? Quais as diretrizes? Para cada passo, há um caminho composto pelos componentes do Modelo de Reabilitação e a fim de construí-lo de forma mais tangível, de maneira que você, reabilitador, compreenda-o integralmente, segue Tabela 1, abaixo, demonstrando as intersecções entre as nossas coordenadas, os passos do ciclo da reabilitação, e as diretrizes, os componentes do Modelo de RN (Loschiavo-Alvares & Wilson, 2020). E para o alcance de cada diretriz, tenha sempre como referência o emprego de todos os recursos apresentados ao longo deste manual.

Tabela 1 – As intersecções entre os passos do ciclo de RN – As coordenadas e os componentes do modelo de RN (Loschiavo-Alvares & Wilson, 2020) – As diretrizes

COORDENADAS X DIRETRIZES		COMPONENTES DO MODELO DE REABILITAÇÃO NEUROPSICOLÓGICA			
		CONSIDERAÇÕES DO INDIVÍDUO	CONSIDERAÇÕES DO DIAGNÓSTICO	CONSIDERAÇÕES TEÓRICAS	CONSIDERAÇÕES DO PACIENTE E FAMÍLIA
PASSOS DO CICLO DE REABILITAÇÃO NEUROPSICOLÓGICA	PASSO 1: Identificação dos problemas e necessidades do indivíduo, através de suas características chave.	História Clínica. Impacto da Condição de Saúde, Fatores Psicológicos e Possíveis Efeitos na RN. Perfil Cognitivo Esperado e Observado.	Intervenção Farmacológica. Influências Biológicas – Neuro-progressão.	-	-
	PASSO 2: Relacionar os problemas aos fatores pessoais e contextuais, identificando as metas da intervenção.	Perfil Cognitivo Esperado e Observado. Status Funcional.	-	-	Queixa Principal. Estabelecimento de Metas. Relações Familiares e Contextos.
	PASSO 3: Especificar resultados desejados, contextuais e ocupacionalmente significativos.	Status Funcional.	Prognóstico Geral – Influências Biológicas / Neuroprogressão.	-	Estabelecimento de Metas.
	PASSO 4: Delinear, implementar e coordenar o plano de intervenção personalizado e funcionalmente orientado.	-	-	Modelos Complementares. Abordagem Científica. Focos da Intervenção.	Estabelecimento de Metas. Implementação da RN.
	PASSO 5: Mensurar a eficácia da intervenção.	-	-	-	Implementação da RN. Determinação e aplicação de instrumentos de avaliação da eficácia da intervenção.
	PASSO 6: Acompanhar a evolução do paciente, em relação ao alcance das metas, com atualizações periódicas, conforme novas demandas funcionais.	-	-	-	Implementação da RN. Constante monitoramento da evolução desta com as revisões e atualizações periódicas, conforme evoluções e/ou novas demandas e metas funcionais.

CONSIDERAÇÕES FINAIS

O principal pilar para a condução de um programa de RN é, portanto, o processo de formulação clínica, como demonstrado na figura 1. Ele é a engrenagem mestra que faz com que todos os demais componentes integrem-se de forma sinérgica e orquestrada. Cabe ao reabilitador, ou seja, profissional que independente de sua formação de base irá atuar na RN, a construção e sedimentação deste processo a fim de que a intervenção seja ancorada em uma base sólida, cientificamente respaldada e funcionalmente significativa, pré-requisitos indispensáveis para o sucesso terapêutico. Desta forma, o profissional / clínico de excelência é o melhor pesquisador e a recíproca é, também, verdadeira. Enxergar o paciente como um projeto de pesquisa, implica em analisar globalmente o caso e todas as variáveis envolvidas, do componente à função e vice-versa, estabelecer hipóteses e metas, traçar objetivos de curto, médio e longo prazo, delimitar a intervenção mais apropriada com a seleção das mais pertinentes estratégias, e analisar o impacto desta, empregando métodos objetivos de avaliação de eficácia. Logo, todo o processo da RN deve ser parametrizado por fatores com lastro funcional.

Considerando a prática baseada em evidências, cabe ao profissional sempre fazer uso das evidências cientificas disponíveis na literatura para selecionar a intervenção mais adequada (Ward, 2003), respaldando seu raciocínio clínico, com o único e maior objetivo de promover a funcionalidade de seu paciente. Este processo de refletir, planejar, orientar e conduzir o tratamento, requer do terapeuta o emprego de uma análise metacognitiva (Mancini & Coelho, 2008), ou seja, a capacidade de pensar e refletir sobre o processo de tomada de decisão clínica, logo, raciocínio, aplicado a determinada situação. Desta forma as ações terapêuticas sempre serão devidamente orientadas para irem ao encontro dos interesses e metas do paciente e família.

8

CONTEXTUALIZAÇÃO DA FORMULAÇÃO CLÍNICA – APRESENTAÇÃO DE UM CASO CLÍNICO

Considerando todo o caminho de construção teórico-clínica realizado até aqui, e a fim de congregar todo o arcabouço de formulação clínica aqui proposto será apresentando um caso clínico com o intuito de fornecer ao profissional da reabilitação um exemplo com a aplicação direta de todos os conteúdos.

CASO CLÍNICO

Nome Fictício: Maria

Data de Nascimento: 21/08/1948

Estado Civil: Casada

Escolaridade: 3° grau completo

Profissão: Professora aposentada

ANAMNESE

Sra. Maria reside com seu marido, advogado aposentado, e com uma de suas três filhas. Ela é natural de uma cidade do interior de Minas Gerais, mas reside em Belo Horizonte desde criança. Formou-se em letras, trabalhou como professora de português e inglês até cinco anos atrás.

Conforme anamnese com sua família, bastante participativa e comprometida com a saúde da idosa, ela "sempre foi uma pessoa diferenciada, à frente de seu tempo, ativa, engajada em causas relevantes, atuante em várias instituições beneficientes da cidade, sempre apresentando um comportamento e conduta inovadores" (sic).

Desde pequena apresentava um interesse diferenciado pela leitura, e quando questionada disse que sempre teve como sonho escrever o seu próprio livro. É católica e ainda bastante atuante na paróquia que frequenta. Recentemente, no final de 2019, mudou-se de residência. Morou por muito tempo no mesmo bairro, mas por conta de questões concernentes à segurança na área, e a necessidade de diminuição das tarefas domésticas, a família optou por morar em um apartamento. Importante ressaltar que por algumas vezes, chegou a verbalizar para marido e filhas que "queria voltar para sua casa" (sic), não reconhecendo o apartamento atual como sua residência.

De acordo com Cíntia (nome fictício), a filha que reside com Sra. Maria, há dois anos já vem percebendo algumas mudanças em sua mãe, como desinteresse, apatia, episódios de confusão e esquecimentos (sic). Na anamnese com toda a familia, todos foram congruentes em apontar uma intensificação com notável piora do quadro supracitado após a mudança, e um outro estressor, também recente, foi a perda de uma amiga muito próxima, em 2018.

Sra. Maria mantém até hoje o hábito diário da leitura, é ativa intelectualmente, principalmente por conta dos estímulos que recebe do seu contexto familiar, é fluente em dois idiomas, inglês e espanhol. Tem uma rotina estruturada, faz atividades físicas regulares (pilates, caminhada), tem uma familia suportiva e engajada afetivamente para com os seus cuidados, sendo, portanto, o seu ambiente, um agente facilitador. Quando questionada sobre a percepção a respeito de sua cognição, a idosa, assim como suas filhas, apontou dificuldades de memória, principalmente para conteúdo episódico.

Sra. Maria está sendo acompanhada pelo geriatra, médico que a encaminhou para a reabilitação neuropsicológica. Atualmente, faz uso de Atorvastatina cálcica 20 mg, Esomex 40 mg, Losartana Potássica 50 mg, Selozok 25 mg, Hidroclo-romazida 25 mg, Epez 10mg. Sobre o histórico genético, pelo relato das filhas, o pai de Sra. Maria teve provável Doença de Alzheimer.

Quando questionados sobre as principais queixas funcionais, esposo e filhas relataram:

- Diminuição do repertório ocupacional com empobrecimento no desempenho das atividades domésticas (a idosa não está mais conseguindo cozinhar, preparar o almoço de domingo para a família), de lazer (não está mais conseguindo seguir uma receita para produzir uma peça em tricot).
- Esquecimento de informações relevantes, como compromissos cotidianos, nomes de familiares próximos;
- Dificuldade em "achar as palavras" (sic), o que vem deixando a idosa muito irritada.
- Dificuldade em armazenar as informações lidas, o que traz importante prejuízo, porque ela sempre teve o hábito de compartilhar com todos as suas leituras, ela e as filhas faziam um rodízio dos livros e sempre, semanalmente, havia um clube da leitura com a família para os comentários pertinentes em relação aos conteúdos lidos.

Quando Sra. Maria foi questionada a respeito das suas queixas, disse que sua "cabeça está oca, não recorda nada e é como se tudo que lesse se esvaísse" (sic), reiterando "sempre amei ler, sempre visitei o mundo todo através dos meus livros, agora não tenho mais nada, não consigo conversar com as minhas filhas a respeito das minhas leituras" (sic).

SÍNTESE DOS RESULTADOS RELATIVOS AO EXAME DOS DOMÍNIOS COGNITIVOS ESPECÍFICOS

Funções Intelectuais

Em linhas gerais, compreendidas enquanto as habilidades de resolver problemas ou gerar produtos significativamente reconhecidos em um ou mais contextos culturais. Conforme teste específico aplicado na avaliação neuropsicológica, Sra. Maria apresentou os escores de QI total, verbal, compreensão verbal, organização perceptual na faixa média, e de memória operacional e de execução, na faixa média inferior.

Linguagem

Avaliada enquanto capacidade de nomeação, compreensão / recepção e emissão / expressão. A idosa apresentou dificuldades concernentes à anomia. No que se refere à leitura e escrita, foram relatadas dificuldades consequentes aos comprometimento atencionais e mnemônicos.

Memória

Compreendida como a capacidade de adquirir (aprender), armazenar (consolidação) e recuperar (evocar/lembrar) informações. Foram detectados prejuízos relativos às capacidades mnemônicas, tanto de conteúdo verbal, quanto de não verbal. Em relação à capacidade de aprendizagem, foram verificadas dificuldades relacionadas à presença de distratores proativos e retroativos, o que indica prejuízo no controle atencional.

Funções Executivas

As funções executivas referem-se a um termo "guarda-chuva" e incorporam todos os processos cognitivos complexos necessários para gerenciar o comportamento humano. Logo, são aquelas responsáveis por iniciar e desenvolver uma atividade que tenha um objetivo final determinado. Fazem parte de seu sistema funcional vários processos cognitivos, como: planejamento, controle inibitório, tomada de decisões, flexibilidade cognitiva, memória operacional, atenção, categorização e fluência. Tais processos favorecerão a possibilidade de soluções para novos problemas propostos, pois atuam no planejamento e regulação do comportamento adaptativo, para atingir um objetivo específico. Em função desses papéis que desempenham, as funções executivas são críticas para uma interação flexível com as mudanças da tarefa e/ou condições ambientais e claramente relevantes para a performance de habilidades laborativas, cotidianas, acadêmicas, sociais e de lazer.

Nas tarefas que envolviam fluência comportamental e semântica, flexibilidade cognitiva, planejamento e solução de problemas, memória operacional (capacidade de sustentação, na memória, de estímulos relevantes por um período curto de tempo) controle inibitório, tomada de decisões, abstração, formação de semelhanças e gestão temporal, pode-se notar que o desempenho de Sra. Maria encontra-se aquém do esperado. Nas tarefas que envolvem velocidade de processamento foi constatado um desempenho lentificado.

Atenção

Refere-se às capacidades de focar e selecionar um determinado estímulo e ignorar outros, sustentar o foco ao longo do tempo em uma atividade contínua, dividir a atenção em duas tarefas ou mais, sendo todas as tarefas relevantes em um contexto alvo e a alternância entre os focos atencionais. A atenção sustentada (capacidade de manter o foco da atenção durante um tempo prolongado), a atenção focalizada (capacidade de manter o foco da atenção a despeito de distratores), e a atenção dividida encontram-se, também, rebaixadas.

Reserva Cognitiva

De acordo com Stern (2007), o princípio da reserva cognitiva postula que as pessoas com maior nível educacional e intelectivo podem demonstrar menor comprometimento que aquelas com baixa escolaridade e baixa inteligência, sugerindo, desta forma, que os indivíduos com inteligência superior podem processar tarefas de forma mais eficiente. Desta forma, a fim de quantificar o nível de reserva cognitiva da paciente, foi aplicado o Indice de Reserva Cognitiva (Nucci et al., 2012), sendo o escore obtido maior que 130, nível alto. Considerando o acima exposto, ressalta-se que Sra. Maria apresenta importante reserva cognitiva, ou seja, capacidade de otimizar e maximizar o seu desempenho cognitivo e funcional por meio de dois mecanismos: recrutamento de redes cerebrais e / ou compensação por estratégias cognitivas alternativas. Sendo este um relevante requisito para um melhor prognóstico terapêutico da Reabilitação Neuropsicológica.

Status Funcional – *Core Set* de Demência da CIF

Acessar Core Set de Demência preenchido, como exemplo clínico, no site www.nexus.clinica.com.br, na Central de Downloads.

Apresentação do Caso na Perspectiva da Formulação Clínica

Figura 1 – Mapa de Formulação Clínica

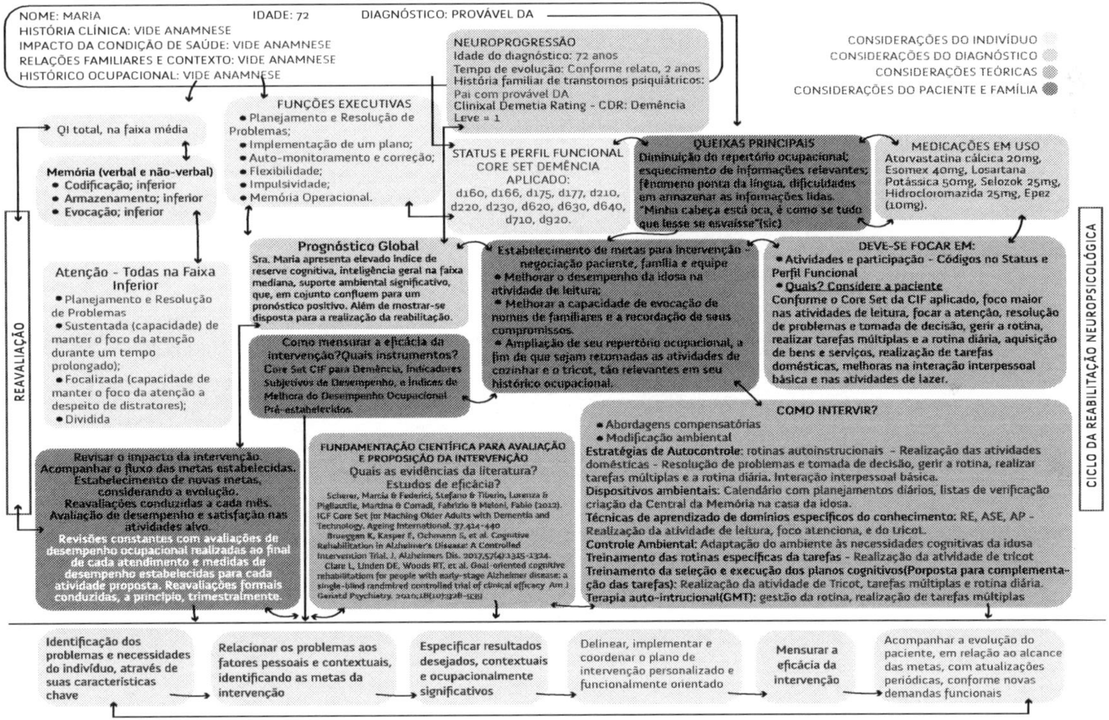

REFERÊNCIAS

APÓSTOLO, J.L., et al. Exploring a capacity to screen of the European Portuguese version of the 15-item Geriatric Depression Scale. Revista de Psicopatología y Psicología Clínica, v. 23, n. 2, p. 99-107, 2018.

BONDARI,D.; BONDARI, S.; GHEO- NEA, I. et al. Comparative Study betwe- en the Quality Management Indicators, Marker of Major Psychiatric Disorders in Evolution. **Curr Health Sci J.**, v. 40, n. 4, p. 271-273, 2014.

BOWIE, C.R.; DEPP, C.A.; MCGRA- TH, J.A. Prediction of real world functional impairments in community-dwelling schizophrenia and bipolar disorder patients. **American Journal of Psychiatry**, v. 167, p. 1116-1124, 2010.

BURTON, A. W.; MILLER, D. E. **Defining and Classifying Movement Skills.** Movement skill assessment: Human Kinetics, 1998.

CAMPBELL, J. I. D.; CLARK, J. M. Cognitive number processing: An encoding complex perspective. In: CAMPBELL, J. I. D. (Ed.). **The nature and origins of mathematical skills.** Amsterdam, The Netherlands: Elsevier, p. 457-492, 1992.

CIEZA, A.; EWERT, T.; ÜSTU, B. et al. Development of icf core sets for patients with chronic conditions. **Journal of Rehabilitation Medicine**, v. 44, p. 9-1, 2004.

CLARK, D.A.; BECK, A.T.; ALFORD, B.A. **Scientific foundations of cognitive theory and therapy of depression.** New York: Wiley; 1999.

CORRIGAN, P. How stigma interferes with mental health care. **American Psychologist**, v. 59, p. 614-625, 2004.

CROCKER, L. D.; HELLER, W.; WARREN, S. L.; O'HARE, A. J. et al. Relationships among cognition, emotion, and motivation: implications for intervention and neuroplasticity in psychopathology. **Frontiers in Human Neuroscience**, 7, p. 1-19, 2013.

CYPEL, S. As funções executivas e o aprendizado escolar. In: Valle, L.E.L.R.; Valle, E.L.R. **Neuropsiquiatria: infância e adolescência.** Rio de Janeiro: Wak Editora, p. 25-32, 2007.

DALGALARRONDO, P. **Psicopatologia e semiologia dos transtornos mentais**. Porto Alegre: Editora Artes Médicas Sul, 2000.

DEHAENE, S. **The number sense**. Oxford, England: Oxford University Press, 1997.

DEL PRETTE, Z. A. P.; DEL PRETTE, A. Um sistema de categorias de habilidades sociais educativas. **Paidéia (Ribeirão Preto)**, v. 18, n. 41, p. 517-530, 2008.

ELMES, D. **The relationship between language and culture. National Institute of Fitness and Sports in Kanoya International Exchange and Language Education Center,** disponível em: www2. libnifsk. ac. jp/HPBU/annals/an46/46-11. Pdf., 2013.

ETKIN, A.; GYURAK, A.; O'HARA, R. A neurobiological approach to the cognitive deficits of psychiatric disorders. **Dialogues in Clinical Neuroscience**, v. 15, p. 419-429, 2013.

FALLOON, I. R. Family interventions for mental disorders: efficacy and effectiveness. **World psychiatry: official journal of the World Psychiatric Association (WPA)**, v. 2, n. 1, p. 20–28, 2003.

FOLKMAN, S.; LAZARUS, R.S. An analysis of coping in a mild-aged community sample. **Journal of Healthy and Social Behaviour**, v. 21, p. 219-239, 1980.

FUSTER, J.M. Executive frontal functions. **Experimental Brain Research**, v.133, p. 66-70, 2000.

GAMA, C.S.; KUNZ, M.; MAGA- LHÃES, P.V.S. et al. Staging and neuroprogression in bipolar disorder: a systematic review of the literature. **Revista Brasileira de Psiquiatria**, v. 35, p. 70-74, 2013.

GOFFMAN, E. **Estigma**: Notas Sobre a Manipulação da Identidade Deteriorada. 4. ed. Rio de Janeiro: Ed. Zahar, 1980. p. 124.

GONZÁLEZ-CASTRO, T.B.; MAR- TÍNEZ-MAGAÑA, J.J.; TOVILLA- -ZÁRATE, C.A. et al. Gene-level genome-wide association analysis of suicide attempt, a preliminary study in a psychiatric Mexican population. **Mol Genet Genomic Med.**, 2019.

GOTTFREDSON, L. S. The general intelligence factor. **Scientific American Presents**, v. 9, p. 24–30, 1998.

HAMERS, J. F., BLANC, M. H. A. **Bilinguality and bilingualism.** Cambridge, England: Cambridge University Press, 2000.

HARVEY, P.D.; WINGO, A.P.; BUR- DICK, K.E. et al. Cognition and disability in bipolar disorder: lessons from schizophrenia research. **Bipolar Disorders**, v. 12, p. 364-375, 2010.

HUGHES, C.; GRAHAM, A. Measuring Executive Functions in Childhood: Problems and Solutions? **Child and Adolescent Mental Health**, v. 7, p. 131-142, 2002.

KANDEL, E. R. **Em busca da memória**: o nascimento de uma nova ciência da mente. Trad: Rejane Rubino. São Paulo: Companhia das Letras, 2009.

KAPCZINSKI, F.; VIETA, E.; ANDREAZZA, A.C. et al. Allostatic load in bipolar disorder: Implications for pathophysiology and treatment. **Neuroscience and Biobehavioral Reviews**, v. 32, p. 675-692, 2008.

KASPER, E.; OCHMANN, S.; HOFFMANN W. et al. Cognitive rehabilitation in Alzheimer's disease – a conceptual and methodological review. **J Prev Alzheimers Dis**, v. 2, p. 142-152, 2015.

KNAPP, P; BECK. A. T. Fundamentos, modelos conceituais, aplicações e pesquisa da Terapia cognitiva. **Revista Brasileira de Psiquiatria**, p. 54-64, 2008.

KREUTZER, J. S.; MARWITZ, J. H.; GODWIN, E. E.; ARANGO-LASPRILLA, J. C. Practical approaches to effective family intervention after brain injury. **The Journal of head trauma rehabilitation**, v. 25, n. 2, p. 113–120, 2010.

KUS, S.; MU€LLER, M.; STROBL, R.; et al. Patient goals in post-acute geriatric rehabilitation: goal attainment is an indicator for improved functioning. **J Rehabil Med.**, v. 43, n. 2, p.156–161, 2011.

LEE, J.K.; ORSILLO, S.M.; ROEMER, L. et al. Distress and avoidance in gene- ralized anxiety disorder: exploring the relationships with intolerance of uncertainty and worry. **Cognitive Behaviour Therapy**, v. 39, p. 126-136, 2010.

LEIFKER, F.R.; BOWIE, C.R.; HAR- VEY, P.D. Determinants of everyday outcomes in schizophrenia: the influences of cognitive impairment, functional capacity, and symptoms. **Schizophrenia Research**, v.115, p.82-87, 2009.

LEVACK, W.M.; WEATHERALL, M.; HAY-SMITH, E.J.C; et al. Goal setting and strategies to enhance goal pursuit for adults with acquired disability participating in rehabilitation. **Cochrane Database Syst Rev.**, CD009727, 2015.

LEVY, B.; MANOVE, E.; WEISS, R.D. Recovery of cognitive functioning in pa- tients with co-occurring bipolar disorder and alcohol dependence during early remis- sion from an acute mood episode. **Annals of Clinical Psychiatry: official journal of the American Academy of Clinical Psychiatrists**, v. 24, p. 143-154, 2012.

LEVY, B.; MEDINA, A.M.; HINTZ, K. et al. Ecologically valid support for the link between cognitive and psychosocial functioning in bipolar disorder. **Psychiatry Research**, v. 28, p. 353-357, 2011.

LOSCHIAVO ALVARES, F.Q **Manual para a Aplicação dos *Core Sets* da Classificação Internacional de Funcionalidade (CIF) na Reabilitação Neuropsicológica dos Transtornos Psiquiátricos.** Belo Horizonte: Editora Artesã, 2020.

LOSCHIAVO ALVARES, F.Q.; WILSON, B.A. **Reabilitação Neuropsicológica nos Transtornos Psiquiátricos – da teoria à prática.** Belo Horizonte: Editora Artesã, 2020.

LOSCHIAVO-ALVARES, F.Q.; SEDIYAMA, C.Y.N.; RIVERO, T.S., ET AL. Tools for efficacy's assessment of neuropsychological rehabilitation programs. **Clinical Neuropsychiatry**, v. 8, n.3, p. 1-11, 2011.

MANCINI, M.C.; COELHO, Z.A.C. Raciocínio clínico em Terapia Ocupacional. In: DRUMMOND, A.F.; RE- ZENDE, M.A. (Ed.). **Intervenções da Terapia Ocupacional**. Belo Horizonte: Editora UFMG, 2008.

MARCOLINO, J.; MATHIAS, L.; FILHO, L.; GUARATINI, A.; et al. Escala hospitalar de ansiedade e depressão: Estudo da validade de critério e da confiabilidade com pacientes no pré-operatório. **Revista Brasileira de Anestesiologia,** v.57, 2007. 10.1590/S0034-70942007000100006.

MATZEL, L.; SAUCE, B. IQ The Intelligence Quotient. In: VONK, J.; SHACKELFORD, T.K. **Encyclopedia of Animal Cognition and Behavior**. Publisher: Springer International, 2017.

MCCLOSKEY, M.; CARAMAZZA, A.; BASILI, A. Cognitive mechanisms in number processing and calculation: Evidence from discalculia. **Brain and Cognition**, v. 4, p. 171–196, 1985.

MCEWEN, B.S; WINGFIELD, J.C. The concept of allostasis in biology and biomedicine. **Hormones and Behavior**, v. 43, p. 2-15, 2003.

MCEWEN, B.S.; STELLAR, E. Stress and the individual. Mechanisms leading to disease. **Archives of Internal Medicine**, v. 153, p. 2093–2101, 1993.

MCMILLAN, T.; SPARKES, C. Goal Planning and Neurorehabilitation: The Wolfson Neurorehabilitation Centre Approach. **Neuropsychological Rehabilitation**, v. 9, p. 241-251, 1999.

MCPHERSON, K. M.; KAYES, N. M.; KERSTEN, P. Meaning as a smarter approach to goals in rehabilitation. In: SIE- GERT,

R. J.; LEVACK, W. M. M (Eds.). **Rehabilitation Goal Setting: Theory, Practice and Evidence**, p.105-119. Boca Raton Fl: CRC Press, 2017.

MILLAN, M.J.; AGID, Y.; BRÜNE, M. et al. Cognitive dysfunction in psychiatric disorders: characteristics, causes and the quest for improved therapy. **Nat Rev Drug Discov.**, v. 11, n. 2, p.141-168, 2012.

MIRKOVIC, B.; LAURENT, C.; PO- DLIPSKI, M. A. et al. Genetic association studies of suicidal behavior: A review of the past 10 years, progress, limitations, and future directions. **Frontiers in Psychiatry**, v. 7, n. 158, 2016.

MYERS, David G. **Psicologia**. 9a ed. São Paulo: LTC, 2012.

NUNAN, D. **Teaching English to young learners**. Anaheim: Anaheim University Press, 2010.

NUNES, L.S. Intervenção Farmacológica nos Transtornos Psiquiátricos. In: LOSCHIAVO ALVARES, F.Q.; WILSON, B.A. **Reabilitação Neuropsicológica nos Transtornos Psiquiátricos – da teoria à prática.** Belo Horizonte: Editora Artesã, 2020.

OLIVEIRA, K. O Impacto do Estigma na Reabilitação Neuropsicológica. In: LOSCHIAVO ALVARES, F.Q.; WILSON, B.A. **Reabilitação Neuropsicológica nos Transtornos Psiquiátricos – da teoria à prática.** Belo Horizonte: Editora Artesã, 2020.

OLIVEIRA, K. **Avaliação de propriedades psicométricas da versão brasileira da escala de discriminação e estigma (DISC-12 BRASIL) para pessoas com esquizofrenia**. 2014. 61f. Dissertação (Mestrado em Neurociências) – Universidade Federal de Minas Gerais, Instituto de Ciências Biológicas, Belo Horizonte, 2014.

ORGANIZAÇÃO MUNDIAL DA SAÚDE. **CIF – Classificação Internacional de Funcionalidade Incapacidade e Saúde.** São Paulo: Edusp, 2015.

OZER, D.J.; BENET-MARTÍNEZ, V. Personality and the prediction of consequential outcomes. **Ann Rev Psychol.**, 57, p. 401-421, 2006.

PAPAZIAN, O.; ALFONSO, I.; LUZONDO, R.J. Trastornos de las funciones ejecutivas. **Revista de Neurologia**, v. 42, supl. 3, p. 45-50, 2006.

POST, R.M.; LEVERICH, G. S.; KU- PKA, R. W. Early-onset bipolar disorder and treatment delay are risk factors for poor outcome in adulthood. **The Journal of Clinical Psychiatry**, v. 71, p. 864-872, 2010.

PRIGATANO G. **Principles of neuropsychological rehabilitation**. New York: Oxford University Press, 1999.

RAJNEESH, K.; ANIL, N.; PRONOB, K.D., et al. Impact of brief psychosocial intervention on key relatives of patients with schizophrenia: A randomized controlled trial. **Indian Journal of Psychiatry,** v. 62, n. 2, p. 137-144, 2020.

ROYALL, D. R.; LAUTERBACH, E. C.; KAUFER, D. et al. The Cognitive Correlates of Functional Status: A Review From the Committee on Research of the American Neuropsychiatric Association. **Journal of Neuropsychiatry Clinical Neuroscience**, v. 19, n. 3, 2007.

SANTOS, F.; DA SILVA, P.; RIBEIRO, F.; DIAS, A.; FRIGÉRIO, M.; DELLATOLAS, G.; VON ASTER, M. Number Processing and Calculation in Brazilian Children Aged 7-12 Years. **The Spanish Journal of Psychology**, v. 15, n. 2, p. 513-525, 2012.

SEIDL, E. M. F; TRÓCCOLI, B. T.; ZANNON, C. M. L. M. Análise fatorial de uma medida de estratégias de enfrentamento. **Psicologia: Teoria e Pesquisa**, v. 17, p. 225-234, 2001.

SOBERG HL, FINSET A, ROISE O, ET AL. Identification and comparison of rehabilitation goals after multiple injuries: an ICF analysis of the patients', physiotherapists' and other allied professionals' reported goals. **J Rehabil Med.**, v. 40, n. 5, p. 340–346, 2008.

SOHLBERG, M.; MATEER, C.A. **Cognitive rehabilitation: an integrative neuropsychological approach**. New York: Guilford Press, 2001.

SPERRY, L.; GUDEMAN, J.; BLA- CKWELL, B.; et al. **Psychiatric case formulations**. Washington, DC: American Psychiatric Press, 1992.

SQUIRE, L. R. Mechanisms of memory. **Science**, v. 232, n. 4758, 1612–1619, 1986.

STEINER, W.A.; RYSER, L.; HUBER, E.; UEBELHART, D.; AESCHLIMANN, A.; STUCKI, G. Use of the ICF Model as a Clinical Problem-Solving Tool in Physical Therapy and Rehabilitation Medicine. **Physical Therapy**, v.82, n. 11, 2002.

STUCKI, G.; CIEZA, A.; EWERT, T. et al. Application of the International Classification of Functioning, Disability and Health (ICF) in clinical practice. **Disability and Rehabilitation**, v. 24, p. 281-282, 2002.

TURUK, M. C. The relevance and implications of Vygotsky's sociocultural theory in the second language classroom. **Arecls**, v.5, p. 244-262, 2008.

VAZ, E. R.; FONTES, S.V.; FUKUJIMA, M.M. Testes para Detecção de Apraxias por Profissionais da Saúde. Revista de Neurociências, **v.7, n.3, p.136-139, 1999.**

VAZQUEZ, G.H.; KAPCZINSKI, F.; MAGALHAES, P.V.S. et al. Stigma and functioning in patients with bipolar disorder. **Journal of Affective Disorders**, v. 130, p. 323-327, 2010.

WADE, D.T.; HALLIGAN, P.W. Do biomedical models of illness make for good healthcare systems? **British Medical Journal**, v. 329, p.1398-1401, 2004.

WARD, J.D. The nature of clinical reasoning eith groups: a phenomenological study of an occupational therapist in community mental health. **The American Journal of Occupational Therapy**, v. 57, n. 8, p. 625-634, 2003.

WILSON B. **Neuropsychological rehabilitation: theory and practice**. Lisse: Swits & Zeitlinger, 2005.

WILSON B.A; BETTERIDGE, S. **Essentials of Neuropsychological Rehabilitation**. New York: Guilford press, 2019.

WILSON, B.A. Toward a comprehensive model of cognitive rehabilitation. **Neu- ropsychological Rehabilitation**, v.12, p. 97-110, 2002.

WILSON, B.A.; GRACEY, F. Towards a comprehensive model of neuropsychological rehabilitation. In: WILSON, B.A.; GRACEY, F.; EVANS, J.A.; BA- TEMAN, A. Eds. **Neuropsychological Rehabilitation – theory, models, therapy and outcome**. New York: Cambridge University Press, 2009.

WINGO, A. P.; BALDESSARINI, R. J.; COMPTON, M. T.; HARVEY, P. D. Correlates of recovery of social func- tioning in types I and II bipolar disorder patients. **Psychiatry Research**, v. 177, p. 131-134, 2010.

Dra. Fabricia Quintão Loschiavo Alvares (organizadora da coleção)

Doutora em Neurociências pela Universidade Federal de Minas Gerais (UFMG) e pela Universidade de Cambridge – Reino Unido. Especialista em Reabilitação Neuropsicológica pelo Oliver Zangwill Centre, no Reino Unido, e em Neuropsicologia pela Univesidade Fumec. Terapeuta Ocupacional pela UFMG, trabalhou em diversas instituições e hospitais no Reino Unido, dentre eles o Instituto Oliver Zangwill e o Raphael Medical Centre, na Inglaterra, onde foi consultora de pesquisa e clínica em Reabilitação Neuropsicológica. Ministra cursos nacionais e internacionais sobre sua vasta atuação clínica. Autora de diversos livros e capítulos de livros nacionais e internacionais e de vários artigos publicados em periódicos internacionais, é professora e pesquisadora na área. Sempre trabalhou com reabilitação neuropsicológica em crianças, adultos e idosos com lesões adquiridas, transtornos do neurodesenvolvimento e psiquiátricos. Sócia-fundadora e diretora clínica da Nexus – Instituto de Pesquisa, Ensino e Clínica em Reabilitação Neuropsicológica, em Belo Horizonte / Minas Gerais, instituição premiada na categoria Excelência em Laboratório de Pesquisa Inovação Científica – Prêmio Dr. Fernando Capovilla, no Brain Connection em 2020, pelas pesquisas conduzidas na área da Reabilitação Neuropsicológica. Presidente do Grupo de Interesse Específico em Reabilitação Neuropsicológica (SIGBRA) ligado à World Federation of Neurorehabilitation. Recebeu o prêmio Special Tribute 2020, conferido pelo Projeto Erasmus – União Européia, CAP SUR

L'ECOLE INCLUSIVE EN EUROPE, pela carreira e trajetória de destaques na área da Reabilitação Neuropsicológica. Junto com a Dra. Barbara A. Wilson, é autora e organizadora do maior lançamento de Reabilitação Neuropsicológica no Brasil, o livro "Reabilitação Neuropsicológica nos Transtornos Psiquiátricos – Da Teoria à Prática". A Dra. Fabricia Loschiavo também é a autora e organizadora da Coletânea "Como eu Faço a Reabilitação Neuropsicológica", composta por exclusivos Manuais e Cursos que objetivam responder à grande pergunta: "Como eu faço a Reabilitação Neuropsicológica?".

Construind o ideias
e conectando mentes

Este livro foi composto com tipografia Bembo
e impresso em papel Offset 90g. na Gráfica Formato.